MONTAIGNE :

LA CRITIQUE ET LE LANGAGE

HÉLÈNE-HEDY EHRLICH

MONTAIGNE :

LA CRITIQUE ET LE LANGAGE

PARIS
EDITIONS KLINCKSIECK
1972

AVANT-PROPOS

> « Il y a plus affaire à interpreter les interpretations qu'à interpreter les choses, et plus des livres sur les livres que sur autre subject : nous ne faisons que nous entregloser. Tout fourmille de commentaires ; d'auteurs, il en est grand cherté. »
>
> (MONTAIGNE, *Essais* : 111, 13, 1045-1046.)

Montaigne fait cette remarque quatre siècles avant notre ère. Il est étrange que de nos jours, à une époque où nous interprétons plus que nous ne créons, ces paroles de Montaigne soient inconnues de la plupart de ses lecteurs. Est-ce parce qu'on le lit mal ? Ou, parce qu'on ne s'attend pas à de telles observations de sa part ? Où peut-être que l'on ne trouve pas qu'elles soient significatives, capables d'éclairer sa pensée ou la compréhension de son siècle. Il se peut encore, que ce soit notre habitude de le lire, notre attitude psychologique et notre manque de disponibilité et de générosité, qui nous empêchent de saisir la signification de cette formule. Pourtant elle s'applique admirablement à la structure totale de son œuvre.

Lorsque nous abordons la question de « générosité » du lecteur (j'emprunte le mot à Sartre) nous nous plaçons forcément du côté de l'auteur. Nous le faisons en étant conscient que ce n'est pas uniquement d'un état psychologique contrariant la disponibilité d'esprit qui nous rendrait généreux, dont il s'agit ici. On connaît, en effet, nombre de facteurs : psychologiques, économiques (donc politiques), sociaux, qui concourent à la formation de notre conception de l'écrivain et de son œuvre avant même que l'on se soit donné la peine de le lire. Bref, on n'exagère pas lorsqu'on constate que la bonne volonté ne suffit pas à rendre le lecteur « généreux ».

Or, cette générosité dont parle Sartre, n'est pas chose simple. Nous nous en rendons compte, en considérant en retrospective l'histoire de la critique et le développement de la civilisation européenne depuis la Renaissance, en réfléchissant sur le progrès et les régressions de l'humanité depuis que Montaigne prononça les paroles citées ci-dessus. C'est alors que nous devenons conscients du parallélisme frappant des réactions vis-à-vis des Mots, et de l'interprétation, en particulier, dans les deux époques, la nôtre et la sienne. Ceci nous amène à croire que pour se rendre disponible, il faut descendre aux « enfers », qu'il faut toucher la main de la mort, la voir face à face, comprendre que c'est la fin, qu'il n'est plus temps de « jouer » mais de « voir ce qui se trouve dans le fond du pot », comme dit encore Montaigne. C'est alors que l'on peut espérer devenir « généreux » pour recevoir des « signes ».

Ces réactions parallèles ont donc des causes communes : des situations vertigineuses qui nous ont fait connaître le gouffre. Ainsi ce n'est pas par hasard que nous rencontrons à ces deux époques une éclosion si riche « des livres sur les livres » : c'est que ces deux époques, plus que d'autres, ont subi un si profond soulèvement des valeurs qu'elles ont fait fusionner les idéologies et le mensonge.

Il est intéressant de remarquer ici que les seules périodes depuis la Renaissance où l'on trouve une activité critique se rapprochant de la nôtre, soient celles qui suivirent les révolutions, françaises et russe : on estime, en effet, que les formalistes russes sont les précurseurs de la nouvelle critique. Mais jamais depuis Montaigne a-t-on vu une telle prise de conscience linguistique. (Nous connaissons un autre parallélisme de ce genre au temps de la sophistique grecque). Comme Montaigne, qui vécut au temps des guerres et contempla la mort de près à une époque où le mot devenait une arme et où il était presque impossible de faire distinction entre le faux et le vrai, nos philosophes et critiques contemporains ont éprouvé la grande cassure du monde : un Sartre, par exemple, un Derrida, un Barthes ou un Levi-Strauss, pour ne citer que les plus connus parmi ceux que la prise de conscience a conduits à cette générosité qui leur permit de comprendre et d'écrire (car écrire, dit Sartre, c'est à la fois « dévoiler le monde et le proposer comme une tâche à la générosité du lecteur »). Une expérience commune lie ces hommes, ils ont vu les choses « telles quelles ». Ils font partie de la génération qui a vécu dans « le monde concentrationnaire ».

Mes propres expériences ont contribué à m'arracher au « confort intellectuel » : à la libération de Paris je m'étais trouvée dans un camp de concentration, où j'ai vu les choses à nu, sans charme, juste les choses. Bien que ma disposition naturelle me portât, depuis toujours, vers la nouveauté et l'inconnu, ma formation intellectuelle traditionnelle m'empêchait de prendre conscience de certaines vérités. Il ne fallait que le hasard pour que le choc accomplisse ce que seuls la volonté et le désir n'avaient pu obtenir. La contradiction entre les choses et les mots que me dévoilait le monde offert à ma disposition durant ces mois de détention, avait contribué à la mobilisation de toutes mes énergies, pour me faire vivre, dans ce monde absurde qui venait prendre la place de ma nourrice, mais sans m'y perdre.

Les années qui suivirent la guerre n'ont fait qu'accroître cette contradiction, et comme d'autres de ma génération qui se sont trouvés tout à coup en face d'une nouvelle réalité, nouvelle à la fois par rapport à ce que fut le monde concentrationnaire et le monde confortable des années d'avant guerre, j'ai débuté dans un malaise. C'est alors que je me suis rendu compte que mes expériences m'avaient enrichie. Je croyais, plus souvent que je ne l'ai pu admettre, que je n'avais pas à regretter d'avoir vécu la mort.

Est-ce nécessaire de dire tout cela pour expliquer comment la lecture des *Essais* de Montaigne m'a rapprochée de ses préoccupations linguistiques ? Certes. Pourtant, sans l'encouragement de mes maîtres, la réalisation de cet essai n'aurait pas été possible.

La justification de mes préoccupations linguistiques, je l'ai trouvée d'abord chez Platon, grâce à mon maître de philosophie, le Professeur Henry Rosenthal. Esprit ouvert et original il me laissa la liberté d'exploration et m'encouragea vivement dans mes recherches, en me guidant. Sans la formation philosophique que mon maître m'a aidée à enrichir, je n'aurais sans doute pas été amenée à découvrir la richesse de style et de pensée chez Montaigne. Les préoccupations linguistiques de l'auteur des *Essais,* les rapports qu'il observe entre l'œuvre et l'interprétation, la manière dont il parle, ne nous laissent pas de doute, que Platon fut son maître préféré, lui qui lui montre le rapport étroit entre les mots et la pensée.

Je témoigne la gratitude la plus profonde à mes deux maîtres de l'Université de Columbia, le Professeur de lettres grecques et latines, M. Mose Hadas et le Professeur de lettres françaises, M. Jean Hytier. Le premier m'a encouragé à faire des synthèses, et par ses conseils et son amitié profonde, il m'a donné confiance et m'a appris ce qu'est le courage intellectuel. Ses ouvrages sur la Renaissance et la fusion et la diffusion de la culture hellénique m'ont servi de source d'inspiration dans mes recherches. Je dois au Professeur Jean Hytier mon apprentissage encore imparfait du métier de critique. Dans ses séminaires, où il brillait par la finesse de ses analyses, j'ai appris ce qu'est « la critique de la critique ». C'est là qu'est née l'idée de mon projet de thèse de « M. A. » : montrer que Charron n'était pas un disciple de son prétendu maître, Montaigne. Je travaillais alors sur un exposé : le bilan de la pensée philosophique et religieuse de la première moitié du dix-septième siècle. Mes recherches avaient pour but d'analyser l'apologétique chrétienne, fort en vogue à cette époque, par rapport au mouvement philosophique. Cette étude m'a permis de me pencher sur un petit ouvrage, très discuté à son époque, d'un auteur qui m'était jusqu'alors inconnu, mais qui par ses contradictions, la hardiesse de ses propos et la parenté avec Montaigne qu'on lui attribuait, a frappé ma curiosité. Il s'agissait de Pierre Charron, auteur des livres théologiques et apologétiques, enfin auteur d'un ouvrage profane portant le titre *De La Sagesse.* A mesure que je me familiarisais avec le climat de l'époque, les œuvres de ces deux auteurs, leur façon d'argumenter et d'écrire, je m'apercevais que Montaigne était devenu un instrument de propagande au profit d'une doctrine et que la *Sagesse* ne résumait pas les idées de Montaigne. Je remercie le Professeur Donald Frame, qui a accepté alors le projet de cette thèse et qui m'a témoigné sa confiance.

Encouragée par le jury à continuer ce sujet pour une thèse de doctorat, je l'ai cependant modifié, et, me servant de ce travail préalable comme point de départ, j'ai entrepris l'étude des *Essais* à partir du texte. Indépendamment de la *Sagesse,* j'ai tenté donc, dans une perspective nouvelle, une analyse structurale de l'ensemble de l'œuvre en suivant les indications critiques de Montaigne lui-même et sans faire appel à la thèse d'évolution de Pierre Villey (1). En entreprenant le projet de présenter Montaigne sous ce nouvel angle, je ne me faisais pas d'illusion sur les difficultés de ma tâche : mon analyse devait aborder tout sujet traité par Montaigne dans les *Essais.* Mais puisqu'il s'agissait principalement de dégager la signification de son écriture par rapport à sa pensée, montrer de quelle manière il compose et lie cette diversité de sujets, il ne fallait donc pas développer en profondeur chacun d'eux, mais il fallait, bien plutôt, faire un travail d'architecte. Etant la première à concevoir une telle approche, j'étais quasi isolée dans mes recherches. J'avais pourtant trouvé des affinités dans l'œuvre en langue allemande du Professeur Hugo Friedrich portant le titre *Montaigne.* Lorsque je l'ai rencontré il m'a dit qu'il appréciait mes efforts d'avoir essayé de faire voir que le problème de l'écriture était d'importance primordiale dans les *Essais,* que les *Essais* étaient une œuvre d'art, et, enfin, d'avoir su montrer que parmi les figures rhétoriques que lui fournit la rhétorique ancienne, c'était « l'exemple » dont il s'était servi pour dévoiler le monde et soi-même, qu'il donna à cette figure rhétorique une signification nouvelle.

Mais il n'aurait pas été possible de développer cette thèse sans avoir fait auparavant mon étude sur Charron et Montaigne. Car c'est en travaillant sur le livre de Charron que je prenais conscience des pièges linguistiques, et des rapports qu'ils avaient avec le contenu du livre. Après tout ce n'était qu'une leçon de rhétorique. Ma connaissance de la rhétorique, soit ancienne soit moderne, m'était devenu d'un secours de base.

Je voudrais exprimer toute la gratitude que je dois à M. Maurice Rat, éditeur des *Essais* de Montaigne (éd. de la Pléiade, 1962)

---

(1) La première version de la présente étude (1970) était d'abord composée en deux parties : 1) De Charron à Montaigne ; 2) Montaigne et le Monde-Langage et Écriture. Cette version fut par la suite modifiée. La première partie de cette version originale sera jointe au manuscrit de 1962 : « Pierre Charron, A Study in Moral Pragmatism » (voir la bibliographie). Ce nouvel ouvrage portera le titre : « A Critical Evaluation of Pierre Charron's book 'On Wisdom' in its relationship to the Essays of Montaigne. »
Ce projet d'élargissement de mon ancien manuscrit m'a été suggéré par le Professeur Philip Hallie, auteur du Livre *The Scar of Montaigne.* Je lui dois mes vifs remerciements, pour ce conseil, ainsi que pour sa critique éclairée et bienveillante.

et Président des Amis de Montaigne, et à M. Pierre Michel, Professeur à la Sorbonne et Rédacteur en Chef du *Bulletin de la Société des Amis de Montaigne,* d'avoir accepté mes nouvelles idées sur les *Essais* et de les avoir rapidement publiées. M. Pierre Michel a continué à soutenir mes efforts, après le décès de M. Maurice Rat, en publiant mes travaux et en me donnant des commentaires précieux sur mes manuscrits.

Je dois également ma reconnaissance aux commentaires éclairés de mon lecteur, M. le Professeur Michael Riffaterre, qui m'a dit le mérite que j'avais à faire ce genre de travail et qui m'a fait bénéficier de sa connaissance méthodologique ; au Professeur Jean Marc Blanchard, mon directeur de thèse qui m'a encouragée à poursuivre la perspective nouvelle de mon étude et qui m'a montré les affinités de mon approche avec la nouvelle critique ; aux Professeurs Frame et Edelmann qui ont accepté mes nouvelles idées sur les *Essais* et ma nouvelle méthode d'analyse, au Professeur Lawton Peckham, le Chef du Département, qui m'a toujours témoigné de l'amitié et qui m'a aidée à réaliser ce projet, ainsi qu'aux membres du Jury pour leurs commentaires enthousiastes. Enfin, je voudrais remercier M. Roland Barthes qui a bien voulu lire mon manuscrit et qui m'a donné son opinion favorable sur ma nouvelle thèse et M. Noam Chomsky qui a exprimé de l'intérêt pour mon travail. J'espère que cette nouvelle interprétation des *Essais* prouvera que l'œuvre de Montaigne est d'une grande signification pour nos chercheurs contemporains. Je compte sur la générosité du lecteur.

INTRODUCTION

La réflexion de Montaigne sur le problème que pose le langage est issue des temps de crise. L'éloquence a fleuri à Rome et ailleurs lorsque les affaires étaient « en plus mauvais état », observe-t-il (1). C'est en ces temps-là qu'on trouve un Socrate, un Gorgias, dans l'antiquité grecque, ou un Machiavel, un Rabelais, un Montaigne plus tard qui s'interrogent sur la problématique du langage.

Nos temps font preuve de pareilles préoccupations. Elles se rencontrent donc à toute époque de l'histoire et il paraîtrait raisonnable de supposer que les écrivains d'autrefois, comme ceux d'aujourd'hui se sont trouvés poussés à créer un langage capable de communiquer les crises de leur temps. Pourtant les critiques semblent avoir mis ceci en doute :

> L'unité idéologique de la bourgeoisie a produit une écriture unique... (c'est-à-dire classique et romantique), la forme ne pouvait être déchirée puisque la conscience ne l'était pas,

dit Barthes ;

> dès l'instant où l'écrivain a cessé d'être le témoin de l'universel pour devenir une conscience malheureuse (vers 1850), son premier geste a été de choisir l'engagement de sa forme, soit en assumant, soit en refusant l'écriture de son passé. L'écriture classique a donc éclaté et la littérature entière de Flaubert à nos jours est devenue une problématique du langage (2).

Est-ce à dire qu'il ne s'est trouvé jusqu'à la fin du dix-huitième siècle (3) aucun écrivain qui ait brisé l'universel et qui ait créé sa propre forme ? Ce premier geste de « l'engagement de sa forme », qui était le geste soit « d'assumer » soit de « refuser » l'universel et par là l'écriture de son passé, devait-il attendre plusieurs siècles pour se réaliser ? L'homme de la Renaissance était-il tou-

---

(1) Voir *infra*, p. 78.
(2) Roland BARTHES, *Le Degré Zéro de l'Ecriture, suivi des Eléments de Sémiologie*, Paris, éd. Gonthier, 1965, p. 10.
(3) Barthes observe plus tard que vers la fin du dix-huitième siècle la forme littéraire développe un pouvoir second. *Ibid.*

jours uniformément témoin de l'universel ? (1) Il suffit de lire
un chapitre des *Essais* de Montaigne, une page de Rabelais,
quelques vers d'un du Bellay, pour constater que cette « problématique du langage » se manifeste bien avant Flaubert. Montaigne,
plus que n'importe quel autre homme de son époque, appartient
à ce type d'observateur qui a pleine conscience d'une réalité nouvelle, qui voit le sens de l'universel se briser : il n'y a « aucune
constante existence », dit-il, ni de notre être, ni de celui des objets.
L'homme et son jugement sont mortels. Il ne se peut établir rien
de certain car « le jugeant et le jugé » sont en continuelle « mutation et branle » (2).

Or, ce monde en mutation lui révèle la pluralité des idées, des
moralités et des langages propres à les signifier (3). Nous verrons
que, pour reprendre la formule de Barthes, Montaigne refuse
l'universel et par là l'écriture de son passé, qu'il crée une écriture
de rupture, de désengagement, qui correspond à une nouvelle
vision du monde. Mais il apparaît, d'après le texte des *Essais,* que
ce sont les guerres civiles, ses propres expériences, l'usage que
font ses contemporains du langage plutôt que des réflexions philosophiques qui provoquent ses plus vives réactions vis-à-vis de
l'utilisation du langage.

Le langage lui apparaît comme un outil efficace, un César, un
Crassus, un Pompée « s'en sont aydez plus que des armes » (I : 51,
293). C'est une arme politique. La conscience de cette vérité semble
amener Montaigne à dénoncer le potentiel destructeur du langage,
car, comme nous l'avons souligné dans une étude récente, le thème
de « démasquer les menteurs » constitue « un élément de liaison
unifiant tous les *Essais* en *un* corps *total* » (4).

---

(1) Les propos de Poulet, à ce sujet, le contraste qu'il note entre le
monde du Moyen âge et celui de la Renaissance, peuvent nous servir ici
d'éclaircissement : « Pour le chrétien du Moyen âge le sentiment de son
existence actuelle... ne se découvrait pas d'abord dans le moment présent, pour
se concevoir ensuite existant dans le temps. Bien au contraire, se sentir
exister, c'était pour lui se sentir être, et se sentir être, c'était se sentir non
pas changer, non pas devenir, non pas se succéder à soi-même, mais se
sentir subsister... » George POULET, *Etudes sur le Temps Humain,* Paris, Librairie Plon, 1949, « Introduction ».
(2) *Montaigne, Œuvres Complètes,* Bibliothèque de la Pléiade, textes établis
par Albert Thibaudet et Maurice Rat, Paris, Gallimard, 1965 (II : 12, 586).
Les citations seront tirées de cette édition. Les références à l'œuvre de Montaigne seront indiquées entre parenthèses. Sauf avis contraire, les mots souli-
gnés le seront par nous.
(3) Le terme « langage » sera utilisé dans cette étude dans un sens très
général. Nous entendons par là toute expression, orale ou écrite, y compris
la rhétorique et le langage des discours idéologiques. Montaigne traite le
problème du langage sous une grande variété de noms : langue, langage,
parole, éloquence, rhétorique, discours, écriture, signe, mais tous ces mots ont
un dénominateur commun. Ils dénotent l'idée de la communication effectuée
en vue de la persuasion. Le « langage » diffère du mot « langue » pour la
finale « age » qui, étant la finale « aticus » des Latins, signifie « ce qui opère,
ce qui agit ». LITTRÉ, *Dictionnaire de la langue Française,* Paris, Gallimard-
Hachette, 1965, tome 4, p. 1432.
(4) Hélène-Hedy EHRLICH, « Rabelais et Montaigne », *Bulletin de la Société*

D'après Montaigne, le langage qui est intimement lié à l'action politique et sociale est aussi un élément distributeur de la connaissance. De ce fait il convient de le considérer comme un phénomène aussi important que la connaissance même. Par conséquent, toute critique paraît futile sans la critique du langage. Expliquons-nous : si la connaissance dépend de la *perception* de celui qui juge, la représentation de l'objet de cette connaissance dépend de l'*intention* de celui qui livre cette connaissance à autrui, et de la *faculté* de la communiquer par une *forme* appropriée, afin de pouvoir la communiquer de la façon la plus « fidèle » à autrui. Ce problème de rapport est envisagé très souvent par Montaigne.

Les critiques n'ont pas reconnu l'intérêt que portent les *Essais* au problème du langage. Montaigne a été considéré comme moraliste, philosophe, plutôt que créateur d'une œuvre littéraire qui traite de questions morales et philosophiques. Cette tendance à séparer l'écrivain du penseur se voit, par exemple, dans les propos de M. Roger Trinquet (1), qui se réfère sur ce point à Pierre Villey. En reprochant à Montaigne le mélange d'esprit païen et chrétien, il déclare :

> On dira bien qu'une telle attitude était alors fréquente et que des humanistes comme Ronsard ne présentaient pas, au fond, un comportement très différent (2). Peut-être, mais ce qu'on peut trouver naturel, ou tout au moins tolérable, chez un poète qui n'a pas fait sa grande affaire de *penser* (3) peut-on l'admettre aussi facilement chez un philosophe comme Montaigne ? « Chez un homme comme Ronsard... la conduite n'est pas dominée par les principes chrétiens : sa vie est toute païenne d'esprit... » (4)

L'intérêt que suscite de nos jours le rapport entre le langage et la pensée ne laisse pourtant pas ignorer le fait que par ses préoccupations Montaigne nous est plus proche qu'on ne le pense d'ordinaire. L'auteur d'un récent ouvrage sur Montaigne déclare justement qu'une des raisons qui l'ont poussé à écrire son livre, c'est qu'il a trouvé des affinités importantes entre Montaigne et les plus hardis linguistes modernes en Angleterre et en Amérique. Selon lui, pour Montaigne, Ludwig Wittgenstein et Gilbert Ryle, le

---

des *Amis de Montaigne,* n° 17, janvier-mars, 1969, p. 5. Nous utiliserons pour cette revue, l'abréviation *B.S.A.M.*

(1) Roger TRINQUET, « Les Deux Sources de la Morale et de la Religion de Montaigne », *Bulletin de la Société des Amis de Montaigne,* n° 13, 1968, p. 26.

(2) Ici se trouve une note qui renvoie à M. Busson : « cf. sur la foi de Ronsard, le chapitre d'H. BUSSON dans *Le Rationalisme...,* pp. 362-396 » et à M. Pierre MICHEL, « Fidéisme de Ronsard et de Montaigne », *B.S.A.M.,* n° 7, juillet-septembre, 1966, pp. 24-34. M. Michel se rapproche de notre point de vue.

(3) Mot souligné par M. Trinquet.

(4) Ce texte est cité de l'œuvre de VILLEY, *Les Sources de l'évolution des Essais de Montaigne,* 2e éd., I, 1933, p. 28.

langage humain est intimement lié à l'action humaine et au bon
sens, qui est le guide de l'homme (1). Ces travaux sont encore
fragmentaires. Le premier qui a cherché à nous faire voir le lien
qui existe chez Montaigne entre sa perception de la réalité et la
forme qu'il emploie pour la présenter, est Erich Auerbach qui a
consacré un chapitre de son *œuvre Mimesis* (2) (1946) à l'analyse
détaillée d'un passage des *Essais*.

D'autre part, deux études qui ont consacré une place importante à l'analyse du genre de l' « essai » ont été entreprises par les
érudits allemands Hugo Friedrich (3) et Peter Schon (4). Peter
Schon (1954) a retracé l'origine du genre « essai » depuis l'antiquité. Mais ce travail savant ne nous a pas montré ce que cette
forme signifiait par rapport à la pensée de Montaigne. M. Boase
préfère à cet égard l'étude de M. Friedrich. Précédant M. Schon,
il fait, dans son étude générale, une analyse complète du genre de
l' « essai ». Il le traite en profondeur, dit-il, sans charger son
œuvre d'inutiles répétitions et des lourdeurs d'une thèse acadé-
mique (5). En 1965 M. Michaël Baraz affirme que chez Montaigne
« pensée, image, c'est tout un » (6). Mais dans la première étude
consacrée entièrement à l'étude du style de Montaigne (1958),
M. Floyd Gray soutient que « la belle confusion » qu'on trouve chez
Montaigne n'est pas un effet de l'art, mais plutôt une indication
de l'absence de tout art (7). Il se peut qu'une telle attitude envers
l'art de Montaigne provienne du fait qu'on ait pris trop au sérieux
certaines formules de l'auteur, comme celle-ci par exemple : « Le
parler que j'ayme, c'est un parler simple et naïf, tel sur le papier
qu'à la bouche » (I : 16, 171). Mais ces paroles ne veulent pas dire
que le langage d'un écrivain ne soit pas le fruit d'un travail continu, que l'auteur ne se serve pas de procédés exprimant le mieux
ce qu'il veut exprimer. Si on a pris ses paroles trop souvent à

(1) Philip P. HALLIE, *The Scar of Montaigne*, Wesleyan University Press,
pp. xxi-xxxii. Voici le texte traduit : « Une des raisons majeures qui m'ont
incité à écrire ce livre est le fait d'avoir trouvé d'importantes affinités entre
la pensée de Montaigne et la pensée la plus hardie et la plus moderne des
« analystes de la linguistique », en Angleterre et en Amérique. Montaigne,
Ludwig Wittgenstein, et Gilbert Ryle voient que le langage humain est intimement lié à l'action et au bon sens, qui est (espérons-le), le guide de l'homme.
Les traductions de l'anglais sont faites par l'auteur de cette étude.
(2) Erich AUERBACH, *Mimesis*, New-York, Anchor Books, 1957. (Paru en
allemand en 1946 chez Francke, à Berne).
(3) Hugo FRIEDRICH, *Montaigne*, Paris, éd. Gallimard (traduit de l'allemand
par Robert Rovini, 1968. La première édition en langue allemande parut en
1949, chez Francke à München).
(4) Peter SCHON, *Vorformen des Essays in Antike Humanismus. Ein Beitrag
zur Entstehungsgeschichte des « Essais » von Montaigne*, Mainzer Romanistiche
Arbeiten 1, Wiesbaden, 1954.
(5) Voir le compte rendu de M. A.M. Boase, French Studies, Oxford, 1957,
Vol. XI, p. 171.
(6) Michaël BARAZ, « Les Images dans les Essais de Montaigne », Bibliothèque d'Humanisme et Renaissance, 1965, Tome XXVII, 2, p. 366. Depuis
vient de paraître un livre du même auteur : *L'Etre et la connaissance selon
Montaigne*, Paris, José Corti, 1968.
(7) Floyd GRAY, *Le style de Montaigne*, Paris, Nizet, 1958, p. 14.

contre-sens ou à la lettre, c'est qu'on a négligé la part que l'ironie jouait dans l'œuvre de Montaigne. Ce sont de pareils propos qui ont permis d'imaginer un Montaigne gentilhomme aimant la conversation, l'oisiveté et le naturel, un Montaigne qui écrivit son œuvre dans un style parlé sans autre plan que celui que commandait sa réflexion spontanée :

> Puisqu'il veut se peindre, il s'exprime tel qu'il est, comme il parle, et il y a chez lui une certaine volubilité de paroles qui le prive de ce beau style « nerveux, court, véhément », qu'il croit avoir (1).

La Fontaine, comme nous le savons, a longtemps été victime d'une interprétation analogue : on croyait que son style « désordonné » était aussi, comme celui de Montaigne, l'expression d'une négligence « naturelle ». On ne soupçonnait guère, ou presque pas, qu'il s'agissait dans les deux cas d'une « négligence » plutôt volontaire. Un article récent de M. Maurice Rat, portant ce titre significatif : « Un novateur du vocabulaire et du langage : Montaigne écrivain », présente des réflexions intéressantes à ce sujet :

> Croire qu'il n'entre pas d'art dans ce style imagé et pourtant naturel, serait une lourde erreur, mais Montaigne sait mieux que personne que *le comble de l'art est de cacher l'art.* On pourrait dire de lui, comme de La Fontaine, que ses nonchalances sont ses plus grands artifices. Il a beau jeu d'écrire : « J'imite cette débauche qui se voit en notre jeunesse au port de leurs vêtements : un manteau en écharpe, la cape sur une épaule, un bas mal tendu, qui représente une fierté dédaigneuse de ces parents étrangers, et nonchalante de l'art : mais je la trouve encore mieux employée en la forme de parler. ❯ (2)

Le but de cette étude est de montrer que le problème du langage constitue pour Montaigne l'élément d'importance primordiale.

En premier lieu nous abordons les idées de Montaigne sur le problème du langage en tant que porteur de la pensée et instrument de la communication. Non seulement Montaigne attribue de l'importance au rapport entre langage et pensée d'une part, langage et communication d'autre part, mais il veut aussi faire comprendre à ses contemporains que pour corriger les abus de la guerre et des mœurs il faut dénoncer les abus du langage. Les problèmes de la morale et du langage sont ainsi liés.

En second lieu, nous essayerons de montrer qu'elle est l'attitude de Montaigne envers sa propre manière de communiquer. Etant conscient que c'est par le moyen du langage qu'on transmet un « message », idéologique ou littéraire, et ne cherchant pas à

---

(1) *Ibid.*, p. 16.
(2) M. Maurice RAT, « *Un Novateur du Vocabulaire et du Langage :* Montaigne écrivain ❯, *B.S.A.M.*, juillet-septembre, 1968, n° 15, 21.

prouver une vérité certaine mais une vérité relative, il nous communique cette vérité par une forme rhétorique dont la fonction est de montrer non pas qu'une chose est sûre, mais qu'elle est possible. De cette façon il concilie ses idées (sa façon de voir le monde) avec la forme qui les exprime, le signifié et le signifiant. Cette figure rhétorique, l'exemple (qui, dans la rhétorique aristotélicienne, s'appelle aussi « fable »), a une valeur fictive, c'est-à-dire que son contenant n'a pas de garantie historique, il peut être mis en doute. Si Montaigne s'en sert à profusion, c'est que l'exemple constitue un véhicule commode pour transposer sa position sceptique vis-à-vis de la certitude. En outre, cette figure rhétorique lui permet de montrer la diversité du comportement humain.

On laissera tout ce qui touche l'évolution de la pensée de Montaigne, la biographie de l'auteur. La méthode critique que nous nous proposons d'adopter ne fait partie ni d'une école ni d'une idéologie particulières. C'est Montaigne lui-même qui nous guide dans la compréhension de son œuvre en nous mettant en présence de deux sortes de langages caractérisés par deux mouvements linguistiques : la *diachronie* (que lui fournit la tradition — *ici nous trouvons l'usage de la rhétorique classique*) et la *synchronie, ici nous trouvons un nouveau langage* créé par Montaigne selon sa propre époque. Par exemple Montaigne se montre juge sévère quand il dénonce les abus de la rhétorique, dont il se sert néanmoins (1).

Le vocabulaire critique que nous employons : le « signifié », le « signifiant », et le « signe », est souvent emprunté aux linguistes (Saussure, Jakobson). Mais, le plus souvent, nous nous servons des termes « unité » et « forme » sans leur connotation métaphysique (2).

Au vocabulaire de la psychologie et de la psychanalyse nous empruntons les termes *inconscient, refoulement,* termes qui ne correspondent pas au vocabulaire métaphorique de Montaigne, mais qui toutefois ont la même connotation, comme l'a noté avec justesse M. Whyte (3), ce sont les mêmes notions qu'exprimaient les penseurs dans le passé mais avec d'autres mots.

Enfin, nous nous proposons d'analyser l'œuvre dans sa totalité.

---

(1) M. Raymond Lebèque n'a-t-il pas raison de conseiller aux naïfs qui prendraient à la lettre le dédain affecté de Montaigne pour la rhétorique, de n'être pas dupes ? « Il est beaucoup plus artiste du verbe qu'il ne veut l'avouer », dit-il. Cité par M. Pierre MICHEL, dans « Montaigne, vu par Raymond Lebègue », *B.S.A.M.,* nº 14, avril-juin, 1968, p. 45.

(2) Barthes soutient que l'activité critique n'est autre chose qu'une activité *formelle*, non au sens esthétique mais au sens logique. S'il insiste sur cette différence c'est qu'il a l'intention, croyons-nous, de débarrasser ce terme de toute connotation métaphysique (Aristote), et on ne peut contester qu'il ait raison. Nous l'employons dans le même sens car ce terme, une fois « nettoyé », est plus propre à exprimer ce que Barthes appelle le signe (notons que c'est un terme rhétorique utilisé aussi par Montaigne).

(3) Lancelot LAW WHYTE, *The Unconscious Before Freud,* Doubleday & Comp., 1962.

A cette fin, il faut l'observer dans son fonctionnement, et en la décomposant et recomposant la rendre intelligible.

On y ajoute en reconstituant, comme dit Barthes, mais cela est inévitable, recommandable même, car le langage connotatif qu'emploie un écrivain se plaît à se dérober, il est suggestif et recèle diverses valeurs. Mais il ne s'agit pas d'un travail simplement subjectif. Les diverses cultures et langages se superposent dans l'œuvre de Montaigne et il convient de les reconnaître.

Pour cela il faut chercher certaines unités et les associations de ces unités, c'est un travail de composition (1) ; il faut les grouper et les caractériser, reconnaître leurs rapports d'affinité et de dissemblance. Elles doivent se ressembler quelque peu pour que cette dissemblance qui les sépare ait l'évidence d'un éclat (2).

C'est par ce travail de l'agencement des unités et de leur association que l'œuvre paraît construite et riche de sens, du sens dont l'auteur l'a douée. C'est grâce à lui que le critique peut arriver à déchiffrer dans l'œuvre ce que l'auteur y a mis consciemment ou non ; de plus, ces langages que lui fournit son époque ne sont pas des langages strictement parlés, ce sont des connaissances. C'est justement l'érudition de Montaigne, relevant de la connaissance de l'antiquité, qui le met en présence du phénomène linguistique (Platon : *Phèdre* surtout).

Il s'agit donc dans la critique, comme dans toute autre activité intellectuelle, de « mobiliser » tout le savoir que l'on possède pour comprendre ce qui se trouve dans un monde « créé » : le langage d'un écrivain (ou de n'importe quel artiste) est composé d'un système de signes par lequel il transpose non seulement ce qu'il connaît du monde, mais aussi ce qu'il ne connaît pas ; il transforme à la manière d'un Ovide qui « métamorphosa » le monde.

Le premier chapitre de cette étude : « De Charron à Montaigne », est un préambule qui nous mène à voir que le problème de la méthode d'analyse littéraire se pose comme une question cruciale dans la compréhension de l'œuvre de Montaigne. La légende du maître-disciple (Montaigne-Charron) sert ainsi de point de départ à notre étude ; elle introduit le problème du rapport

---

(1) Nous voyons, par exemple, qu'à l'intérieur du chapitre sur le thème de l'inconstance, traité dans l'essai I du livre I, « Par divers moyens on arrive à pareille fin. » il est question de la distance entre l'intention réfléchie et irréfléchie. D'ailleurs, Montaigne dit lui-même, que les titres des chapitres ne représentent pas toujours leurs matières.

(2) Ces propos sont inspirés de Barthes qui s'apparente, par ses vues, à Montaigne. Nous ne voulons pas dire par là que notre intention est de faire ici une étude comparée entre Barthes et Montaigne. Nous observons simplement que les notions qu'exprime Montaigne s'apparentent à celles de la critique moderne, à Barthes surtout. Utiliser les notions modernes nous aidera à clarifier la position de Montaigne envers son œuvre et les problèmes qu'il traite ; peut-être même, ceux de formalistes et linguistes français et étrangers. Voir *infra*, pp. 67, note 3 ; 71-72, note 2 et passim.

entre l'œuvre et son interprétation ; entre le langage, la psychologie et la politique.

Le chapitre II, « Le Monde des Essais », constitue une analyse du premier essai de Montaigne, qui pose la question fondamentale, la question de la relativité des connaissances et du jugement humain, et soulève les difficultés que ce concept contient. Il nous met en même temps en face de la méthode de Montaigne, de sa façon de raisonner par le jeu de contrastes, par l'emploi des « exemples ». Ce chapitre nous montre le lien qui existe dans son œuvre entre la *matière* du livre et la *manière* de la présenter au lecteur. En bref, il nous fait voir que le jeu de ses éléments structuraux, que le fonctionnement de ses formes, que ce qui fait de son œuvre une œuvre littéraire apparaît dès le premier (1) essai du livre I.

Le chapitre III « Le Dedans et le Dehors », montrera que la connaissance qui s'appuie sur l'observation des autres et de soi-même comporte aussi des difficultés : on ne peut pas toujours distinguer *l'apparent* du *réel*.

Le chapitre IV « Montaigne, critique de son siècle : guerres civiles et langage », indique qu'au problème du rapport entre la connaissance de la réalité et le jugement humain s'ajoute celui de la communication, car la connaissance se communique à autrui. Le langage qui devient de ce fait un élément crucial dans les rapports humains posera une question d'ordre moral : la corruption du langage est, d'après Montaigne, un symptôme de la corruption des mœurs. Nous montrerons dans ce chapitre, en outre, que les idées que nous voyons annoncées dans les deux premiers essais de Montaigne (et qui constituent une entrée en matière) commencent à se situer dans un cadre concret : il s'agit des guerres civiles (politiques et religieuses). Nous verrons aussi que le troisième essai prépare le cadre historique et que petit à petit le rapport entre les idées de Montaigne et les événements de l'époque commence à se dessiner. Au chapitre V il devient net : ici les réflexions sont directement liées à sa critique de la guerre. A partir de cet essai les références à la guerre se font de plus en plus nombreuses et progressent au fur et à mesure que l'œuvre évolue. Notre intention dans ce chapitre est de faire une mise au point : montrer que Montaigne n'est pas un penseur abstrait, que même dans ses *essais* les plus anciens c'est le moment historique qui provoque ses pensées. Ainsi nous ne partageons pas l'avis de Villey pour qui les « anciens » essais ont peu d'intérêts, il les considère comme livresques et s'il y trouve parfois quelque intérêt dans tel passage, il l'attribue au dessein qu'aurait l'auteur de faire son portrait (2). D'ailleurs,

---

(1) Premier dans l'ordre que nous présente Montaigne.
(2) Excepté l'essai I du premier livre, qu'il trouve intéressant grâce au thème de l'inconstance de l'homme. Voir *infra*, p. 46, note 2.

comme nous l'avons dit, nous ne prenons pas ce dessein au sérieux. Nous montrons, au contraire, que parler de soi-même fait partie de sa méthode d'argumenter. Dans cette perspective, ce qui paraît être la peinture du moi est en réalité un véhicule qui fait partie d'un dessein bien plus vaste que parler de soi. Il sert à démasquer, à corriger les abus et à faire la critique de son siècle. Nous verrons que ses réflexions convergent pour nous guider vers un thème fondamental de son œuvre, « ôter les masques ».

Le chapitre V, « Le Masque et le Jeu », montrera que, jugée dans l'ensemble, la critique de Montaigne révèle deux aspects particuliers et fondamentaux : le « masque » et le « jeu ». Le masque est une expression de la mauvaise foi, du mensonge, de la manipulation intéressée ; le « jeu » fait partie de la condition humaine générale, de la condition de celui même qui ne triche point. Nous considérons ces deux aspects de sa critique parallèlement. Nous présentons ainsi les deux côtés de la critique de Montaigne : l'acte d'accusation et l'apologie du bon sens.

Le chapitre VI, « Langage et Pensée » traite de l'attitude de Montaigne envers le langage en tant qu'expression de la pensée. Il se montre méfiant quant à son pouvoir et gêné quant à ses limitations. La critique du langage entraîne une critique de la rhétorique et nous achemine dans la voie de sa « techné ».

Le chapitre VII, « Montaigne et l'Ecriture : Signe et Signification dans les *Essais* », nous permettra de voir l'ensemble de ce que nous appelons son « écriture ». Nous ferons ici une sorte de synthèse pour montrer en quoi elle consiste et ce qu'elle signifie par rapport à la pensée de Montaigne. Cette synthèse sera basée sur des éléments déjà abordés dans cette étude.

Le chapitre VIII, « Le Monde et le Théâtre : Réalité et Forme », forme la conclusion. Jugée en sa totalité l'œuvre de Montaigne révèle le lien intime entre sa conception de la réalité et la forme qui la présente : le « jeu » au niveau réel est transfiguré en « jeu » au niveau fictif et c'est dans cette perspective-là que l'on aperçoit la signification du portrait. Il fait partie de la structure générale de l'œuvre. Là le monde des *Essais* se rapproche de celui du théâtre où se jouent les actions des personnages.

Mars 1971.

DE CHARRON A MONTAIGNE

Les historiens nous présentent Pierre Charron comme le théologal de Bordeaux, grand prédicateur, ligueur acharné puis libertin, auteur d'ouvrages théologiques et apologétiques (1), enfin, auteur d'un ouvrage profane, *De la Sagesse* (2). Les manuels de littérature ont présenté cette œuvre comme un arrangement méthodique des *Essais,* et Charron comme un disciple de Montaigne :

> Charron pille surtout, et sans chercher à déguiser ses emprunts, Montaigne. Cent fois, en parcourant la *Sagesse,* les lecteurs des *Essais* saluent au passage les idées et les expressions de l'ami de Charron ; on peut retrouver dans l'ouvrage du théologal de Cahors le pyrrhonisme, le « naturisme », et même l'épicurisme — oh ! très estompé — de son maître préféré. Aussi, est-il inutile d'exposer les idées de Charron (3).

Cette notion était si répandue, qu'au dire de Villey, on a lu la *Sagesse* pour comprendre les *Essais* (4). Mais est-il possible d'expliquer un texte littéraire en le séparant de sa forme ? Une méthode qui prétend expliquer un texte par un autre conteste sérieusement la valeur du langage dans une œuvre littéraire, le rôle qu'il joue dans sa composition. Charles Sorel, dont le goût classique se plaisait à l'ordre et à la logique, qui souhaitait en 1664 « qu'il y

---

(1) Henri Busson voit « l'enfantement d'une nouvelle littérature » qu'il appelle « la littérature apologétique, » au xvie siècle. Elle est créée par Du Plessis Mornay, Packard et Charron, et elle a pour but de combattre des libertins. Henri BUSSON, *La pensée religieuse française de Charron à Pascal,* Paris, Librairie philosophique, J. Vrin, 1933, p. 4.

(2) Pierre CHARRON, *De la Sagesse, Trois Livres, par Pierre Charron, Parisien, Chanoine théologal et Chantre en l'Eglise cathédrale de Condom.* Nouvelle édition conforme à celle de Bourdeaus, 1601. Paris, Chaigneau Aîné, an 5-1797. Toutes les citations de *La Sagesse,* sauf indication contraire, seront tirées de cette édition.

(3) *Littérature Française,* Bédier et Hazard, Larousse, Paris, 1948, Tome I, p. 306.

(4) Pierre VILLEY, *Montaigne Devant la Postérité,* Paris, Boivin, 1935, p. 282.

eût un peu plus d'ordre » dans les *Essais,* avait déclaré pourtant qu'on « n'y saurait rien changer sans les rendre tout autres que ce qu'ils sont... » (1). Il reconnaissait la valeur du langage dans l'œuvre littéraire, et voyait que la forme choisie par l'écrivain fait partie de l'œuvre, que le message serait modifié si l'ordre et les structures verbales étaient altérés (2). Cette théorie pose donc un problème d'interprétation. C'est pourquoi, dans une étude antérieure, nous avons tenu à examiner le texte même de la *Sagesse* (3) et à comparer des éléments semblables dans les œuvres de Charron et de Montaigne. Or, le traité de Charron pose un problème de langage. Le langage de Charron constitue une série innombrable de pièges. Paul Bonnefon a bien senti la difficulté en déclarant que « Charron a la prétention de dogmatiser, de rattacher à des idées d'ensemble des exemples assez dissemblables... Il n'est pas rare de le voir accepter ce qu'il rejetait ou rejeter ce qu'il acceptait, selon qu'il parle en philosophe ou en théologien » (4).

C'est en analysant le langage de la *Sagesse,* en passant de Charron à Montaigne, que l'on comprend le sens de cette œuvre. En la comparant aux *Essais,* on observe que les deux auteurs ont une attitude en commun : témoins de la crise de conscience de leur temps et des guerres de religion, ils ont adopté le concept humaniste, « l'homme est la mesure de toute chose « ; mais, chacun d'eux cherchant à sa façon une solution différente au problème que ce concept soulevait, leur parenté semble s'arrêter là. La solution de Montaigne, telle qu'elle se reflète dans son œuvre, est de choisir la voie de la modération en sauvegardant la liberté de l'individu. Dans ce monde aux valeurs relatives, la conduite éthique et la conscience individuelle devaient constituer les critères de l'action ; la connaissance du moi et des autres, le critère du jugement. Montaigne se rend compte que dans un univers où le pouvoir de l'homme s'accroît, la persuasion deviendra un des facteurs de première importance. C'est pourquoi il a consacré une place prépondérante au langage, son pouvoir et ses abus (5). Mais c'est la guerre civile qui lui a fourni le champ d'observation par excellence, ainsi que nous avons tenté de le montrer dans notre étude

---

(1) *Les essais de Montaigne,* éd. par Pierre VILLEY, Presses Universitaires de France, Paris 1965, p. 1212.
(2) La forme est prééminente puisque le message et son contenu perdraient leur spécificité indentifiable et inescapable, si le nombre, l'ordre et la structure de ces éléments verbaux étaient changés.. » Michael RIFFATERRE,, « The Stylistic Function, » *proceedings of the Ninth International Congress of Linguistics* (1962), The Hague, Mouton, 1964, p. 317.
(3) Hedy EHRLICH, *Charron's La Sagesse : A Study in Moral Pragmatism* » (unpublished M.A. dissertation, Columbia University, 1962), à paraître prochainement en forme revue et complétée.
(4) Paul BONNEFONT, *Montaigne et ses Amis,* vol. II, Paris, Armand Colin, 1898, Livre VI, pp. 272-277.
(5) Voir à ce sujet notre article : « Rabelais et Montaigne, » *Bulletin de la Société des Amis de Montaigne,* N° 17 (janvier-mars, 1969, pp. 4-13).

précédente. Il dénonce la tyrannie du mot, dont le but est de tromper :

> Comme en la conférence... Non seulement les mots, mais aussi les grimaces de ces gens-là se considèrent et mettent en compte
> ....
> Je hay toute sorte de tyrannie, et la parliere et l'effectuelle. Je me bande volontiers contre ces vaines circonstances qui pipent nostre jugement par les sens (III : 8, 909-910).

Aussi décidait-il lors de la guerre civile, de se faire conciliateur entre les deux partis antagonistes.

L'œuvre de Charron indique une voie opposée. Il avance, dans la *Sagesse,* un programme tendant à réprimer la liberté individuelle. Il s'agit de contrôler « le mauvais naturel de l'homme, le plus farouche et difficile à dompter de tous les animaux » (1). Pour y arriver il recommande de le « manier avec plus d'art et d'industrie [que les animaux] car il ne s'élève poinct plus volontiers contre aucun, que contre ceux qu'il sent le vouloir maistriser. Or la prudence est l'art de le manier et une bride douce le rameine dedans le rond d'obeyssance » (2). La tyrannie, l'autorité du prince, la crainte du châtiment, le mensonge, enfin tous les moyens sont bons pour y arriver. Voici, à titre d'exemples, quelques passages de la *Sagesse* :

> Il n'y a rien de plus grand en ce monde que l'authorité qui est une image de Dieu, un messager du ciel : si elle est souveraine, elle s'appelle majesté ; si subalterne, authorité : et se soustient de deux choses, admiration et craincte meslées ensemble. Or ceste majesté et authorité est premièrement et proprement en la personne du souverain, du principe et législateur, où elle est vifve et agente, mouvante ; puis en ses commandemens et ordonnances, c'est-à-dire en la loy, qui est le chef d'œuvre du prince, et l'image de la majesté vifve et originelle. Par icelle sont réduicts, conduicts et guidez les fols. Voilà de quel poids, nécessité, utilité, est l'authorité et la loy au monde (3).

Charron préconise la subordination du sujet à l'Etat. Mais la seule autorité du prince lui paraît insuffisante. Il prêche alors l'utilité de la religion au service de l'Etat :

> La piété du souverain est au soin qu'il doibt employer à la conservation de la religion, comme son protecteur : cela faict à son honneur et à sa conservation propre ; car ceux qui craignent Dieu n'osent attenter ny penser chose contre le prince,

---

(1) *La Sagesse,* (III : 2, 388).
(2) *Ibid.*
(3) *La Sagesse* (II : 8, 332).

qui est son image en terre, et l'estat : car... c'est la religion
qui maintient la société humaine, qui ne peust autrement
subsister, et se remplira tost de meschancetez, cruautez bes-
tiales, si le respect et la craincte de religion ne tient les hommes en bride... Parquoy le prince doibt soigner que la religion soit conservée en son entier... Car certainement le changement en la religion... traisne avec soy un changement et
empirement en la republique (1).

Charron, comme Montaigne, considère le langage comme un
instrument efficace, mais contrairement à son « maître » il en
recommande l'usage pour mieux manier les esprits :

L'éloquence... doibt estre aussi pleine d'ornemens... de
mouvemens ; que les paroles soyent animés... où l'on voye le
visage, les mains et les membres de l'orateur... car l'orateur
doibt vestir le premier les passions dont il veust frapper les
autres... ainsi la passion... sortant de nous, entre en autruy...
Elle [l'éloquence] n'auroit pas moins de force & violence que
les commandemens des tyrans... elle ne meine pas seulement
l'auditeur, mais elle l'entraisne, reigne parmy les peuples,
s'establit un violent empire sur les esprits (2).

En accord avec son programme politique, Charron participa
activement à la Ligue. D'après des chroniques du temps, il incita
aux émeutes et massacres (3), et fut arrêté par l'ordre du Par-
lement :

Le 2 avril 1576, la Cour, advertie que quelques propos, qui
ont esté tenus par Charron, predicateur en l'eglise Saint-Pierre
de la présente ville, en ses presches pendant le caresme, contre
l'honneur de ladite cour, a esté arresté que présentement il
sera faict une remonstrance audit Charron et inhibé de non
désormais tenir aucun propos en sa predication tendant à
sédition, sur peine de 10,000 livres et d'estre privé de sa pré-
dication et mis hors la ville ; ce qui a esté faict et en même
instance en présence du sieur archevesque de Bourdeaux (4).

Comme l'ont noté des critiques tels que Sabrié, ses contemporains
dénoncèrent son manque de loyauté vis-à-vis de la cause qu'il
défendit avec tant d'acharnement :

Le dimanche de Pasques est faict commandement par ce
détestable [le duc d'Aumont] à tous prédicateurs d'exciter le
peuple à recommander le roy et louanger sa debonnaireté qûi
est nulle ; qui fust cause que les prédicateurs aymoirent mieux
se taire que de fausser leur conscience ; vray et que M. Charron

(1) *Ibid.*, (II : 2, 394-395).
(2) *Ibid.*, (III : 43, 642-643).
(3) Sainte-Beuve, *Les Grands Ecrivains Français*, xvie siècle, « Sur Montai_
gne », Editions Garnier Frères, 1929, pp. 256-257.
(4) *Revue de Gascogne*, nouvelle série, vol V, année 1905, p. 267. Cité par
J.-B. Sabrié, *De l'Humanisme au Rationalisme, Pierre* CHARRON (1541-1603)
l'Homme, l'Œuvre, l'Influence. Paris, Alcan, 1913, p. 41.

duquel nous faisions grand estat nous trompa fort car il extolla jusques au tiers ciel et le roy, d'Aumont et les gouverneurs... (1)

En concluant notre étude, nous avons cru pouvoir soutenir qu'en dépit de certaines ressemblances il n'y a guère d'affinité d'esprit ou d'intention entre les deux œuvres ; que la *Sagesse* est un traité politique d'allure humaniste, qui prêche la doctrine de la « Raison d'Etat ». Les paroles et les actions de Charron faisaient souvent preuve d'opportunisme, mais, quelles qu'aient été ses intentions, il était en avance sur son temps. En formulant son traité à l'usage des princes, il peut être considéré comme précurseur de l'absolutisme ; par la façon dont il sépare la théologie des sciences humaines, il annonce Descartes. Des disciples qui ont suivi son code moral se trouvent à toute époque de l'histoire. Talleyrand en particulier considérait la *Sagesse* comme son livre préféré, et peut, dans une certaine mesure, représenter l'idéal du sage de Charron (2).

Le « sage » dont parle ici Sabrié répond parfaitement au programme politique de Charron mais n'est guère compatible avec l'idéal de l'homme tel que le conçoit Montaigne. Pourtant les pages où Charron discute cette matière ressemblent de si près au texte de Montaigne qu'on risque de se laisser prendre au piège. Strowski avait raison de prévenir les lecteurs de Charron de ne pas être « pressés » (3). Il a remarqué — comme d'autres qui ont étudié la *Sagesse* (4) — que le sens du langage ambigu de ce traité, se laisse difficilement saisir. La nature de ce langage fait penser à ce que Barthes définit par « l'écriture politique ». « Il n'est pas douteux que chaque régime possède son écriture, dont l'histoire reste encore à faire. L'écriture étant la forme spectaculairement engagée de la parole, contient à la fois, par une ambiguïté précieuse, l'être et le paraître du pouvoir, ce qu'il est et ce qu'il voudrait qu'on le croie. » (5)

Enfin, nous croyons avoir montré que la thèse du Maître-Disciple n'était pas justifiée. Nos recherches, bien au contraire, indiquaient que ni Charron ni Montaigne n'auraient souhaité que la

---

(1) Auteur anonyme, cité par Sabrié, Voir aussi le commentaire de SABRIÉ dans son œuvre, *De l'Humanisme...*, p. 59.

(2) La sympathie la plus curieuse et par certains côtés, la plus flatteuse, qu'ait inspiré l'auteur de la *Sagesse,* à la fin du dix-huitième siècle, c'est celle de Talleyrand. Ce fin diplomate, qui était si désabusé de toutes choses et qui, par là au moins, réalisait un peu l'idéal du sage de Charron, goûtait beaucoup la *Sagesse*. Il la goûtait tellement qu'à en croire Mme de Genlis, il en avait fait comme son livre de chevet... » SABRIÉ, op. cit., p. 540.

(3) Voir *infra*, p. 28, note 3.

(4) Nous avons, signalé quelques uns. Nous ne pouvons tenir compte ici de la documentation plus complète que nous possédons sur ce sujet. Ce chapitre n'est qu'un résumé général de certains points développés dans notre étude précédente.

(5) Roland BARTHES, *Le Degré Zéro de l'Ecriture,* pp. 25-26.

postérité les présentât dans cette association. Le seul lien entre ces deux écrivains résidait dans le fait que tous les deux, témoins de la crise de leur temps — quoique leur conception de la nature humaine s'oppose — cherchent des solutions aux problèmes posés par le concept de « l'homme la mesure de toutes choses ».

Le problème de l'interprétation de la *Sagesse* nous a conduite à rechercher les causes de la légende : à savoir, pourquoi, en dépit des différences entre ces deux œuvres, la théorie du maître-disciple fait encore de nos jours objet de foi. Nous espérons faire connaître dans un avenir proche les résultats de ces recherches (1).

En résumé, plusieurs facteurs semblent avoir contribué à la naissance et au maintien de la légende — facteurs psychologiques, philosophiques, et historiques, aussi bien que la façon dont on lisait les textes littéraires. Il convient de souligner que l'incommodité que présente la lecture de la *Sagesse* (incommodité due à l'ambiguïté de son dessein et de son langage), d'une part, et la réapparition assez fréquente des passages et du vocabulaire rappelant les *Essais*, d'autre part, ont facilité la naissance de cette légende. Aussi, était-il devenu d'usage, au XVIIe siècle, de lire la *Sagesse* au lieu des *Essais*. D'après Villey, d'aucuns ont pensé que la *Sagesse*, rappelant les *Essais* par l'emploi du vocabulaire et des thèmes, résumait les idées de Montaigne, et que le style « ordonné » du livre de Charron étant supérieur, assurait une meilleure compréhension de la pensée de Montaigne. Villey soutient que Charron, espérant que les *Essais* qu'il considérait comme un livre « manqué » et « illisible » seraient oubliés, avait décidé de le refaire, et il s'insurge contre Charron qui n'avait pas l'honnêteté de nommer tous les auteurs qui lui avaient servi dans la composition de ce traité. Il a pourtant nommé, et avec fierté, dit-il, Du Vair et Juste Lipse, qui, étant encore en vie, « pouvaient protester contre ses larcins… ». Mais « qu'importait » qu'il n'eût pas nommé Montaigne, « la *Sagesse* seule allait survivre » (2).

Hugo Friedrich note à ce propos que « Charron, prétendu disciple de Montaigne, crut devoir « ordonner » les *Essais* pour en diffuser les pensées parmi les doctes sous les espèces de son livre de la *Sagesse*. C'était tuer l'esprit même des *Essais*. Charron retombait dans la forme de connaissance et de pensée que Montaigne avait abandonnée » (3).

Mais le vrai danger venait de la part de ceux qui plagiaient Montaigne. D'après Villey, ils ne se donnaient point la peine de comprendre la pensée philosophique et morale de Montaigne, mais

---

(1) Ce sujet est traité en partie, dans notre récente étude, « Montaigne et la légende du Maître-Disciple, » (*B.S.M.A.*), Paris, N° 24 (janvier-mars, 1971) pp. 15-26.
(2) Pierre VILLEY, *Montaigne devant la postérité*, p. 282.
(3) Hugo FRIEDRICH, *Montaigne*, p. 363.

ils relevaient ici et là des idées, des termes, et des passages entiers qui pouvaient attirer l'esprit conservateur de leurs contemporains. Tirées de leur contexte, ces idées faussaient le sens de la pensée de l'auteur. Pour illustrer cet usage, il note que « ce jugement, pris de Plutarque, qui paraîtra monstrueux un jour « qu'il y a plus de distance de tel homme à tel homme que de tel homme à telle beste », la Motte Messemé, Charron, Camus le relèvent, mais c'est pour le qualifier de 'très beau mot' » (1).

Il est pertinent d'observer que l'Inquisition, qui trouva les *Essais* orthodoxes (2), a condamné pourtant la *Sagesse,* en 1605. Les *Essais* ont été mis à l'Index mais, ceci est significatif, seulement en 1676. M. Jean Dagens note

> qu'à la fin du XVIIᵉ, les *Essais* autant que la *Sagesse* apparaissaient aux croyants comme un livre dangereux ; nous sommes au fort de cette réaction « antimontaniste » dont M. Boase a si bien retracé l'histoire, qui s'est exprimée dans des pages célèbres de Pascal, de Nicole, de Bossuet, de Malebranche et qui se traduira officiellement par la mise à l'Index des *Essais* le 28 janvier, 1676 (3).

Soulignons à cet effet que *L'Entretien de M. de Saci,* le *Port-Royal* de Sainte-Beuve, où cet « Entretien » est commenté, le livre d'Henri Busson : *La Pensée religieuse française de Charron à Pascal,* où la théorie du maître-disciple trouve son expression flagrante, ne sont que des textes parmi d'autres qui ont répandu la légende et par là une idée fausse des *Essais.* Tous ces auteurs ont appuyé leurs thèses sur des textes d'origine douteuse, sur les controverses partisanes, et des écrits apologétiques résumés par M. Busson

---

(1) VILLEY, *Op. cit.,* p. 291.

(2) JEAN DAGENS, *Bérulle et les Origines de la Restauration Catholique* (1575-1611), Thèse de Doctorat, Paris Desclée de Brouwer, 1952, p. 56.

(3) Jean DAGENS, N Le Machiavélisme de Pierre Charron. » *Studies,* Ed. by Professor Gerard Brom, Ultrecht Nijmegen, Dekker and Van De Vegt H.V., 1952, p. 56. Disons à ce propos que Charles Sorel (déjà mentionné) recommande les *Essais* pour des gens « de la cour et du monde » faisant sous-entendre que les *Essais* contiennent des réflexions qui ne sont pas destinées à tout lecteur. Mais il est intéressant de noter, dans ce contexte, que les raisons données par Sorel ne sont point de nature théologique (comme le sont, par contre, celles de « L'Entretien avec M. de Saci » et d'autres de l'époque citées plus haut), mais d'ordre psychologique. Son mérite est d'avoir reconnu que pour comprendre la pensée de Montaigne il faut la considérer par rapport à sa forme : « Ils n'y a point d'auteurs au monde plus capable de faire connaître aux hommes ce qu'ils sont et ce qu'ils peuvent, et de faire observer les cachettes et les ressorts des esprits ; tellement que l'on conclut que son livre doit être le manuel ordinaire des gens de la cour et du monde... Nonobstant tout ce qu'on dit contre Montaigne pour le peu de choix des matières de ses *Essais,* rien ne doit empêcher qu'on n'en fasse estime, puisque les bonnes choses ne laissent pas de s'y trouver en quantité... On souhaiterait seulement qu'il eût un peu plus d'ordre et de retenue dans ses écrits ; mais puisqu'on ny saurait rien changer sans les rendre tout autres que ce qu'ils sont, il les faut laisser dans un état qui leur a déjà acquis tant de réputation... Nonobstant tous ces reproches, M. de Montaigne ne laissera point de passer dans la croyance de la postérité pour un grand auteur et pour un homme de rare mérite. » (Voir la critique de Charles Sorel dans les *Essais,* éd. par Pierre Villey, 1965, p. 1212.)

dans son œuvre. Dans une nouvelle édition de son ouvrage (1),
l'auteur réaffirme que « Charron, avec plus de méthode, ne fait
que répéter Montaigne » (2). On songe à Strowski qui avisait les
lecteurs de la *Sagesse* de ne pas se fier aux apparences :

> Saint-Cyran prend contre Garasse la défense de Charron, et
> vous verrez que si Saint-Cyran répond, sur de bons témoins,
> des mœurs de son client, s'il réfute les sottises, sophismes et
> calomnies de la partie adverse, au fond, il ne connaît pas
> l'œuvre de Charron. Et quand il vient à la connaître, il en est
> lui-même un peu déconcerté et effrayé. Et peut-être que s'il
> avait su... mais il était si pressé ! (3).

A certains montaignistes contemporains les légendes fournissent
encore une matière féconde. M. Raymond Lebègue observe au sujet
de *La Renommée de Montaigne en France au XVIIIᵉ siècle. 1677-
1802* (4), que M. Dréano, l'auteur de ce livre, « appuyé sur des
milliers de textes, montre Montaigne interprété selon les passions
contradictoires du siècle » (5). De nombreux auteurs propagent
toujours la légende du maître-disciple. Signalons parmi les plus
connus Albert Thibaudet (6) et Antoine Adam (7). Nous avons
cité d'autres exemples plus haut.

Notre étude précédente et nos recherches récentes au sujet des
légendes, nous ont rendue consciente du fait que pour juger d'un
texte littéraire il convient de ne point le séparer de sa forme :
elle constitue une partie indispensable d'un tout ; sans elle il
est possible de former sur une œuvre littéraire autant de légendes
que l'on désire. C'est ainsi que le texte sert souvent au critique de
prétexte à confirmer ses propres préjugés. Ce qu'il faut, au contraire, c'est reconnaître l'existence d'une forme (8).

---

(1) Henri Busson, *Le Rationalisme dans la littérature Française de la Renaissance (1533-1601)*, nouvelle édition, revue et augmentée, Paris, Vrin, 1967.
(2) *Ibid.*, p. 479.
(3) F. Strowski, *Pascal et Son Temps*, Vol. I Paris, Plon, 1907, p. 164.
(4) Mathurin Dréano, Angers, Editions de l'Ouest, 1952.
(5) R. Lebègue, « Bulletin signalétique, » Centre de documentation, du
C.N.R.S., Paris, 1956, Vol X, Nᵒ 1, p. 57.
(6) Voir l'Introduction de Thibaudet dans l'édition des *Essais* dont nous
nous servons pour cette étude.
(7) *Histoire de la Littérature Française au XVIIᵉ siècle*, Paris, Domat, 1956,
Vol. I, pp. 313-314, 321.
(8) « Les critiques sont mal avisés d'essayer d'analyser le texte littéraire
par rapport à sa forme uniquement pour confirmer ou affirmer leur propre
jugement esthétique ce qu'il faut c'est l'attestation de l'existence d'une forme
non pas le jugement de sa valeur. » Michael Riffaterre, « The Stylistic Function, » *Proceedings of the Ninth International Congress of Linguists* (1962),
The Hague, Mouton, 1964, p. 316. Nous signalons une œuvre du même auteur
qui illuminera toute personne qui s'intéresse au problème d'interprétation,
Essais de Stylistique structurale, Paris, Flammarion, 1971.

CHAPITRE II

LE MONDE DES *ESSAIS*

« C'est par maniere de devis que je parle de tout, et de rien par maniere de d'advis... Je ne seroit pas si hardy à parler s'il m'appartenoit d'en estre creu ; et fut ce que je respondis à un grand, qui se plaignoit de l'aspreté et contention de mes enhortemens. Vous sentant bandé et préparé d'une part, je vous propose l'autre de tout le soing que je puis, pour esclarcir vostre jugement, non pour l'obliger ».

MONTAIGNE, « Des Boyteux » (III : 11, 1010-1011).

« Je scay bien, quand j'oy quelqu'un qui s'arreste au langage des *Essais*, que j'aymeroy mieux qu'il s'en teust. Ce n'est pas tant eslever les mots, comme c'est deprimer le sens, d'autant plus picquamment que plus obliquemment »,

MONTAIGNE, « Considération sur Cicéron », (I : 40, 245).

« Et puis, pour qui escrivez-vous ?

MONTAIGNE, « De la Praesumption », (II, 17, 640).

«-Ecrire c'est donc à la fois dévoiler le monde et le proposer comme une tâche à la générosité du lecteur »,

Jean-Paul SARTRE, « Qu'est-ce que la littérature ? (1).

« Puisque la création ne peut trouver son achèvement que dans la lecture, puisque l'artiste, doit confier à un autre le soin, d'accomplir ce qu'il a commencé, puisque c'est à travers la conscience du lecteur seulement qu'il peut se saisir comme essentiel à son œuvre, tout ouvrage littéraire est un appel »,

Jean-Paul SARTRE, *Ibid.* (2).

---

(1) Jean-Paul SARTHE, Qu'est-ce que la littérature, » *Situation II*, ch. 2, Paris, Gallimard, 1958, p. 109.
(2) *Ibid.*, p. 96.

Une des difficultés que présente l'étude d'une œuvre littéraire dans sa *totalité,* c'est d'en saisir le sens d'ensemble, d'en pressentir une certaine forme maîtresse qui la caractérise et de comprendre sa signification. Cette forme est un revers visible de l'intention de l'auteur ; il faut la découvrir à travers les signes créés par l'auteur. L'arrangement de la matière, la façon de présenter les arguments, le titre d'un chapitre, la fréquence d'un sujet traité, l'emploi de certaines figures rhétoriques plutôt que d'autres, tout cela constitue, pour ainsi dire, un système de signification conçu par l'écrivain pour révéler au lecteur le monde qu'il crée à son usage, ou, plutôt, le sens de ce monde. Et comme dit justement Sartre, « ... le sens n'est pas la somme des mots, il en est la totalité organique » (1).

Or, ce « Monde des *Essais* » constitue, sur le plan esthétique, une sorte de microcosme où se jouent les actions humaines. Montaigne y apparaît comme acteur et spectateur en même temps. Ce microcosme est fait de deux sortes de réalités : l'une observée, vécue et mouvante ; l'autre idéologique et statique : c'est le monde des idées reçues qu'il critique. (Nous ne voulons pas dire par cela que sa critique s'adresse uniquement aux idéologies.) La méthode de Montaigne consiste à juxtaposer ces deux réalités, et à y découvrir la vérité par le jeu de contrastes ; il démasque ainsi le mensonge. L'intention de Montaigne ne nous est révélée que lorsqu'on a accumulé un nombre suffisant de signes convergents.

Le présent chapitre, le premier que nous consacrons aux *Essais,* cherche à montrer, en essayant de suivre l'œuvre dans le processus de sa création, que le monde, tel que le voit Montaigne, celui qu'il critique et évalue, il le transforme par moyen des formes appropriées ; que cette transformation se voit dès le début de l'œuvre, et que pour trouver la signification de sa critique il convient aussi de la considérer dans son rapport avec ces formes.

---

(1) Jean-Paul SARTRHE, *Ibid.,* p. 94 Sartre a raison de dire que « l'opération d'écrire implique celle de lire comme son corrélatif dialectique... » et que c'est « l'effort conjugué de l'auteur et du lecteur qui fera surgir cet objet concret et imaginaire qu'est l'ouvrage de l'esprit. Il n'y a d'art que pour et par autruit, » *Ibid.,* p. 93.
Nous constatons que l'essai de Sartre contient beaucoup d'idées déjà exprimées par Montaigne sur le rapport auteur-lecteur. Sartre ne le sait peut-être pas. Il n'est pas lieu d'en indiquer les corollaires en détail. Nous croyons les démontrer prochainement.
Tzvetan Todorov qui, comme tant d'autres critiques soucieux de souscrire des lois qui faciliteront la compréhension du fonctionnement du phénomène littéraire, souligne dans son récent ouvrage que « le but de la recherche est la description du fonctionnement littéraire, l'analyse de ses éléments constitutifs et la mise à jour de ses lois, ou, dans un sens plus étroit, la description scientifique d'un texte littéraire et, à partir de là, l'établissement de rapports entre ses éléments. » Il a raison d'ajouter que « la principale difficulté vient du caractère hétérogène et stratifié de l'œuvre littéraire ». Nous avons essayé, en tenant compte de ce genre de difficulté, de suivre la stratégie de l'auteur et de montrer ce caractère hétérogène dont parle M. Todorov. Voir Tzvetan TODOROV, *Poétique de la prose,* Paris, Seuil, p. 11.

Prenons le premier chapitre du Livre I des *Essais,* « Par divers moyens on arrive à pareille fin », dont on a remarqué avec justesse, qu'il constitue une sorte d'Introduction (1). On y trouve une représentation de deux réalités, l'une se heurtant à l'autre. Au point de vue de sa critique (ici elle porte sur le jugement), cet essai pose la question suivante : comment amolir « les cœurs de ceux qu'on a offensez, lors qu'ayant la vengeance en main, ils nous tiennent à leur mercy » (I : I, 11). Montaigne l'aborde de deux manières, toutes deux reposent sur les idées traditionnelles qu'on se fait du comportement humain. La première, la plus commune, « c'est de les esmouvoir par submission à commiseration et à pitié » ; la seconde, par « la braverie et la constance », moyens tous contraires, mais qui ont « quelquefois » servi à ce même effet. Le mot « quelquefois » dans ce passage est significatif : il glisse un doute sur l'efficacité de la constance humaine. D'emblée Montaigne nous présente une idée maîtresse de son livre.

Pourtant si nous analysons de près ce texte, nous nous apercevons que ce n'est pas tant de l'inconstance dont il est question ici : l'accent est mis sur la diversité du jugement humain. Dire qu'il y a deux façons d'amolir le cœur de ceux qu'on a offensés, c'est suggérer déjà que « par divers moyens on arrive à pareille fin ». Cette idée mise en évidence par le *titre,* est développée et amplifiée dans ce chapitre et dans le chapitre XXIV, « Divers evenemens de mesme conseil ». Montaigne touche ici à une question psychologique que l'on pourrait formuler ainsi : le comportement humain dépend de facteurs divers. Ceci se voit, par exemple, aux deux façons dont on arrive à amollir les cœurs de ceux qu'on a offensés. Mais pour illustrer ces deux attitudes, c'est-à-dire pour les présenter par une *forme* qui lui permettra de les peindre dans leurs nuances les plus subtiles, Montaigne se sert, selon les règles de la rhétorique classique, « d'exemples », et en fait un usage très personnel : ceci ne lui servira point, comme c'est l'usage de la rhétorique classique, à mettre en évidence que l'une des deux propositions est vraie, mais au contraire, à les mettre toutes les deux en doute et à faire voir, par cette « méthode », sa propre vérité.

Montaigne commence d'abord par la seconde proposition : on arrive à amollir les cœurs des hommes qu'on a offensés par « braverie et constance ».

Edouard, prince de Galles... ayant esté bien fort offencé

---

(1) Voir les propos de Pierre VILLEY, *infra,* p. 46, note 1 et pp. 87-88. M. Donald Frame observe que ce chapitre serait une introduction « naturelle » au livre 1 et aux deux livres de l'édition 1580. (Donald Frame, Montaigne's *Essais : A Study, Englewood* Clifls, Prentice-Hall, 1969, p. 75). Notre opinion sur cette question, comme on le verra dans les pages qui suivent, n'est pas exactement la même. Nous croyons qu'il s'agit ici d'une introduction à l'œuvre entière des *Essais.*

par les Limosins, et prenant leur ville par force, ne peut estre
arreté par les cris du peuple et des femmes et enfans aban-
donnez à la boucherie, luy criants mercy, et se jettans à ses
pieds, jusqu'à ce que passant tousjours outre dans la ville,
il apperceut trois gentilshommes Francois, qui d'une hardiesse
incroyable soustenoyent seuls l'effort de son armée victorieuse.
La considération et le respect d'une si notable vertu reboucha
premierement la pointe de sa cholere ; et commença par ces
trois, à faire miséricorde à tous les autres habitans de la ville
(*Ibid.*).

Cet exemple affirme la seconde proposition et nie la première.
Observons le second exemple :

Scanderberch, prince de l'Epire, suyvant un soldat des siens
pour le tuer, et ce soldat ayant essayé, par toute espece d'humi-
lité et de supplication, de l'appaiser, se resolut à toute extré-
mité de l'attendre l'espée au poing. Cette sienne resolution arresta sus bout la furie de son maistre, qui, pour luy avoir vu
prendre un si honorable party, le receut en grace (*Ibid.*).

Cet exemple nie encore la première proposition et soutient la
seconde. N'oublions pas que les deux héros étaient des hommes
vaillants, sensibles sans doute à la « braverie » et à la « constance ».
Mais ne soyons pas dupes : Montaigne ne nous laisse pas conclure
aussi facilement, et en ceci consiste l'originalité de sa « méthode ».
Il nous présente un autre exemple, qui prouvera une autre possibilité : que le cœur d'un *homme brave* peut être touché par un
« moyen » autre que la constance :

L'Empereur Conrad troisiesme, ayant assiégé Guelphe, duc
de Bavieres, ne voulut condescendre à plus douces conditions,
quelques viles et laches satisfactions qu'on luy offrit, que de
permettre seulement aux gentils-femmes qui estoyent assiégées
avec le Duc, de sortir, leur honneur sauve, à pied, avec ce
qu'elles pourroyent emporter sur elles. Elles, d'un cœur ma-
gnanime, s'aviserent de charger sur leurs espaules leurs maris,
leurs enfans et le Duc mesme. L'Empereur print si grand plaisir à voir la gentilesse de leur courage, qu'il en pleura d'aise,
et amortit tout cette aigreur d'inimitié mortelle et capitale,
qu'il avoit portée contre ce Duc, et dès lors en avant le traita
humainement luy et les siens (*Ibid.*, 11-12).

Cette histoire, qui montre que la sensibilité pour la « *gentil-
lesse* » (1) des femmes n'est pas incompatible avec le caractère mâle
et constant, a une portée bien plus grande. Elle soulève une question touchant au problème développé de nos jours par Sartre : la

_____

(1) Il faut reconnaître que ces femmes, qui font preuve de la fidélité,
agissent surtout de façon féminine, qu'il y a dans leur comportement de la
coquetterie, de l'espièglerie, du jeu et du défi même. C'est un comportement
à la fois courageux, joli et gracieux. C'est ce comportement là qui fait agir le
Duc autrement, c'est la surprise, c'est le choc qui l'attendrit.

morale exemplaire. L'empereur qui était au début résolu à n'épargner que les femmes nobles du lieu assiégé, changea d'avis, non pas à cause d'un principe ou d'un idéal acquis, mais grâce à la conduite exemplaire de ces mêmes femmes, ses captives. On dirait aujourd'hui que ces femmes semblent avoir éveillé en lui un potentiel latent (inconscient). Par cet exemple, Montaigne nous amène à considérer deux nouveaux aspects relatifs à la conduite humaine : la morale exemplaire, et le potentiel psychologique au niveau de l'inconscient de l'homme. Par rapport aux deux hypothèses qu'il nous a présentées au début de son chapitre, ceci signifie : premièrement, que la conduite humaine ne dépend pas toujours des « moyens » que nous croyons connaître ; deuxièmement, que ces « moyens » peuvent être inconnus de celui-là même sur qui ils agissent.

Le passage qui suit ces trois exemples s'ouvre par une addition qui a l'air d'une digression.

> L'un et l'autre de ces deux moyens m'emporteroit aysement. Car j'ay une merveilleuse lascheté vers la miséricorde et la mansuetude. Tant y a qu'à mon advis je serois pour me rendre plus naturellement à la compassion, qu'à l'estimation ; si est la pitié, passion vitieuse aux Stoïques : ils veulent qu'on secoure les affligez, mais non pas qu'on flechisse et compatisse avec eux (*Ibid.*, 12).

A l'aide de ce commentaire, Montaigne *amplifie* sa position. Bien que la pitié soit une « passion vitieuse aux Stoïques », lui-même est pourtant plus « naturellement » porté à se laisser aller à cette sorte de compassion plutôt qu'à l'estimation (estime pour ceux qui tiennent tête).

Outre qu'il clarifie sa pensée, ce passage lie logiquement son contenu au texte qui le suit : « Il se peut dire, que de rompre son cœur à la commiseration, c'est l'effect de la facilité, débonnaireté et mollesse, d'où il advient que les natures plus foibles, comme celles des femmes, des enfans, et du vulgaire y sont plus subjettes ; ... » (*Ibid.*). Notons que Montaigne ferait ainsi partie du groupe des natures plus faibles (des gens non cultivés). Ne manquons pas d'apprécier dans cette présentation du « moi » la part que joue l'ironie. En effet, parler de lui-même (en ces termes) est un « moyen » de nous dire que Michel de Montaigne, l'auteur de ce livre et l'homme respecté de ses contemporains par la position qu'il occupe, se laisse aller volontairement à cette « facilité ». C'est une façon astucieuse sans doute de mettre ses contemporains en présence d'un réalité psychologique qu'ils ne sont pas prêts encore à accepter. C'est donc d'une méthode didactique qu'il s'agit ici, de la maïeutique socratique. Elle fait partie de sa « méthode ». Nous l'apercevons déjà dans le premier chapitre de son livre.

Or, tandis que ce premier « moyen » appartient au vulgaire (1), le second est le propre « d'une ame forte et imployable » (*Ibid.*). Une telle âme dédaigne les « larmes et les prières ». Elle se rend « à la seule reverence de la saincte image de la vertu » (*Ibid.*), car c'est l'effet d'une âme forte d'honorer « une vigueur masle et obstinée » (*Ibid.*). Mais ne nous attendons point à ce que Montaigne nous laisse sur cette réponse. Au lieu de conclure là, il nous dit à présent que la révérence de la « vertu » se rencontre « toutesfois ès ames moins genereuses », que même dans ces âmes-là « l'estonnement et l'admiration peuvent faire naistre un pareil effect » (*Ibid.*). Par cette façon de présenter le problème sous un nouvel angle, Montaigne suggère que le comportement humain ne se laisse pas si facilement classer, que toute généralisation sur ce sujet est arbitraire, donc nécessairement fausse : « Tesmoin le peuple Thebain », lequel, lorsqu'il jugea « ses capitaines, pour avoir continué leur charge outre le temps qui leur avait esté prescrit et preordonné », ne le laissa pas amollir par les « requestes et supplications » de Pelopidas, mais, au contraire, pardonna à Epaminondas

> qui vint à raconter magnifiquement les choses par luy faites, et à les reprocher au peuple, d'un façon fière et arrogante, il n'eut pas le cœur de prendre seulement les balotes en main [le peuple a eu a peine le temps de se mettre à voter] ; et se départit l'assemblée louant grandement la hautesse du courage de ce personnage (*Ibid.*)

Cet exemple compromet ainsi l'opinion de ceux qui soutiennent (comme nous l'avons vu plus haut) que le vulgaire se laisse « amollir » par les supplications plutôt que par l'estime.

L'anecdote suivante réfute une fois de plus l'opinion qu'on se fait d'habitude du peuple. Dionysius le Vieil, ayant pris la ville de Rege après que le capitaine Phyton, « grand homme de bien », l'avait si « obstinément defendue, voulut en tirer un tragique exemple de vengeance » (*Ibid.*, 13). Il lui dit premièrement comment, la veille, il avait fait noyer son fils et toute sa famille. A quoi Phyton répondit qu'il était d'un jour plus heureux que lui. Après cela Dionysius le fit dévêtir et saisir par des bourreaux et

> le trainer par la ville en le foitant très ignominieusement et cruellement, et en outre le chargeant de felonnes paroles et contumelieuses [injurieuses]. Mais il eut le courage tousjours constant, sans se perdre ; et d'un visage ferme, alloit au contraire ramentevant [rappelant] à haute voix l'honorable et glorieuse cause de sa mort, pour n'avoir voulu rendre son païs

---

(1) Charron avait repris cet argument, en le séparant du contenu des *Essais*, et il avait abouti à une conclusion toute contraire. Il avait dénoncé la pitié que Montaigne loue, et il avait loué la « sainte image de la vertu » que Montaigne dénonce. (*De La Sagesse*, L I, 34, pp. 163-164 ; L I : pp. 25, 28).

entre les mains d'un tyran ; le menaçant d'une prochaine pu-
nition des dieux. Dionysius, lisant dans les yeux de la commune de son armée qu'au lieu de s'animer de bravades de cet
ennemy vaincu, au mepris de leur chef et de son triomphe, elle
alloit s'amollissant par l'estonnement d'une si rare vertu et
marchandoit de [se disposait à] se mutiner, estant à mesme
[sur le point] d'arracher Phyton d'entre les mains de ses
sergens, feit cesser ce martyre, et à cachette l'envoya noyer en
la mer (*Ibid.*).

Au lieu de se mettre en colère devant la crânerie du capitaine
Phyton qui ne s'était pas résigné à se soumettre au vainqueur, la
foule se montra plutôt sensible à la constance qu'il manifestait
et au fait qu'il tenait tête à ses bourreaux.

Cette anecdote illustre ainsi une fois de plus qu'il n'est pas
aisé de se fier aux opinions traditionnelles. Ce n'est pas par
hasard que Montaigne fait suivre la conclusion de cette histoire
par la fameuse devise sur l'inconstance du jugement humain :
« Certes, c'est un subject merveilleusement vain, divers, et ondoyant, que l'homme. Il est malaisé d'y fonder jugement constant
et uniforme. » (*ibid.*) Ce commentaire aurait sans doute pu servir
à Montaigne de conclusion à son premier chapitre. Mais on pourrait alors lui faire objection, dire que sa dernière histoire, où il
était démontré que l'âme mâle de Dionysius n'était pas touchée
par la constance de Phyton, ne constitue pas un exemple représentatif de toute l'espèce humaine, que Dionysius est un monstre.
Montaigne semble prévoir ce reproche, car il conclut son chapitre
par l'histoire qui décrit le comportement non plus d'un tyran,
mais du grand Alexandre, dont la postérité loue la générosité.

L'histoire que nous conte ici Montaigne conclut de la façon la
plus belle et la plus spectaculaire son argument. Montaigne nous y
montre comment « le plus hardy des hommes et si gratieux aux
vaincus » se comporta tout autrement quand il prit la ville de
Gaza. Cette histoire sert à contredire ses premiers exemples. Nous
verrons l'efficacité de sa méthode. Elle consiste à avancer un argument pour le réfuter par la suite — méthode dont s'est inspiré
Pascal et aussi la pédagogie jésuite dans le jeu du *pro* et *contra.*
La complexité de la question se découvre à mesure que ce jeu de
contrastes se poursuit.

> Et directement contre mes premiers exemples, le plus hardy
> des hommes et si gratieux aux vaincus, Alexandre, forçant
> après beaucoup de grandes difficultez la ville de Gaza, rencon-
> tra Betis qui y commandoit, de la valeur duquel il avoit, pen-
> dant ce siege, senty des preuves meveilleuses... (*Ibid.*).

Montaigne vante ici la vertu d'Alexandre, qui devrait être touché
d'admiration devant le courage de ce grand commandant. Mais
l'histoire raconte que lorsque, après la bataille, Alexandre vit
Betis seul et abandonné des siens, tout couvert de sang et de

plaies, combattant encore au milieu de plusieurs Macédoniens, il lui dit « tout piqué d'une si chere victoire... ' Tu ne mourras pas comme tu as voulu, Betis ; fais estat qu'il te faut souffrir toutes les sortes de tourmens qui se pourront inventer contre un captif ' » (*Ibid.*, 14). Ces paroles nous paraissent étranges. Alexandre aurait dû estimer la vertu de ce grand soldat ; pourquoi voulait-il lui faire subir la torture ? Est-ce parce qu'il était « tout piqué d'une si chere victoire » (*d'avoir vaincu un si grand soldat*) (1) et ne put contenir son désir de l'humilier ? Ceci est possible, mais Montaigne ne nous fournit pas encore de réponse. Il nous décrit le comportement de Betis en ces termes : « L'autre, d'une mine non seulement asseurée, mais rogue et altiere, se tint sans mot dire à ces menaces » (*Ibid.*). Nous voyons que Betis tient tête au vainqueur tout comme l'a fait Phyton devant le tyran Dionysius. Comparons le comportement d'Alexandre à celui de Dionysius : « Lors Alexandre, voyant son fier et obstiné silence : ' A-t-il flechi un genouil ? luy est-il eschappé quelque voix suppliante ? ' » (*Ibid.*) Ces réflexions prouvent qu'Alexandre souhaite que Betis s'humilie devant lui. « ' Vraiment je vainqueray ta taciturnité ; et si je n'en puis arracher parole, j'en arracheray au moins du gemissement '. Et tournant sa cholere en rage, commanda qu'on luy perçast les talons, et le fit ainsi trainer tout vif, deschirer et desmembrer au cul d'une charrette. » (2)

De ce vaillant Alexandre, comment expliquer le comportement ? Voici la question capitale qu'il s'agit de poser aux moralistes stoïques et à tous ceux parmi les philosophes qui font reposer l'action humaine sur une vaine supposition de la constance. Comme si les seuls ressorts d'action étaient la volonté et la raison. Montaigne y répond par un long passage qui termine ce premier chapitre de son œuvre : « Seroit-ce que la hardiesse luy fut si commune que pour ne l'admirer point, il la respectast moins » (*Ibid.*). Par cette question Montaigne met en doute la vertu du grand Alexandre. Elle fait deviner en son héros un appétit insatiable de passions plutôt que la raison lucide et intellectuelle qu'on s'attendrait à trouver en un tel personnage. Peut-être, continue Montaigne, « qu'il l'estimast [la hardiesse] si proprement sienne qu'en cette hauteur il ne peust souffrir de la veoir en un autre sans le despit d'une passion envieuse, ou que l'impetuosité naturelle de sa cholere fust incapable d'opposition » ? (*Ibid.*) « De vrai, si elle [la colère] eust recue la bride », (*Ibid.*) médite Montaigne au sujet du comportement d'Alexandre, elle l'aurait reçue au moment de la prise et de la désolation de la ville de Thèbes, car la vue de tant de cruauté exercée contre les vaillants hommes perdus et « n'ayans plus moyen de desfense publique » (*Ibid.*) aurait dû toucher son

(1) Humilié d'avoir dû acheter si cher la victoire.
(2) Tiré de Quinte-Curce, IV, 6 (Edition de Bâle, 1545).

cœur d'admiration et le faire agir par raison. Au lieu de cela, « il en fut tué bien six mille, desquels nul ne fut veu ny fuiant ny demandant merci... » (*Ibid.*) mais cherchant par les rues les ennemis victorieux, « les provoquant à les faire mourir d'une mort honorable » (*Ibid.*).

Et Montaigne commente : « Si ne trouva l'affliction de leur vertu aucune pitié », (*Ibid.*), c'est-à-dire si la vertu de ces vaillants hommes, affligés de la sorte, n'a trouvé de pitié dans le cœur d'Alexandre, il n'a pas suffi de la longueur du jour pour assouvir la soif du sang répandu. Ce « carnage » dura jusqu'à la dernière « goute de sang qui se trouva espandable, et ne s'arresta que aux personnes désarmés, vieillards, femmes et enfans, pour en tirer trente mille esclaves » (*Ibid.*).

Le premier chapitre des *Essais* se termine ainsi sur une anecdote. Elle montre que les actions humaines ne sont pas prévisibles, souvent elles sont même incompréhensibles. La preuve, ce vaillant Alexandre qui ne sut tenir sa colère en bride.

Quelle vérité nous révèle Montaigne ? L'expérience nous montre l'incompatibilité entre la *vérité idéologique* et la *vérité observée.* En plus, elle nous enseigne qu'il y a des mobiles cachés qui régissent nos actions.

En ce qui concerne la « méthode » de Montaigne, son art de représenter le monde des *Essais,* nous avons vu comment par la juxtaposition il arrive à nous mener à sa propre vérité, à nous faire voir que le monde des « idées reçues » se heurte au monde vécu. Nous notons déjà, dans le premier chapitre, que son emploi des exemples sert un but déterminé. Le chapitre ne se termine sur aucune proposition logique. La question initiale — comment amollir les cœurs de ceux qu'on a offensés — reste sans réponse. Le titre du chapitre « Par divers moyens on arrive à pareille fin » montre le décalage entre une action réfléchie et irréfléchie, mais il n'a pas de rapport avec l'idée générale du chapitre, qui réfute les deux propositions par lesquelles Montaigne commence son livre. Mais la fin de l'histoire annonce déjà le précepte « Connais-toi » que nous trouvons au Chapitre III du Livre I et qui nous amène à chercher la réponse dans ce précepte-là.

Chapitre III

LE DEDANS ET LE DEHORS (1)

> « Il y a plus affaire au dedans qu'au dehors. »
>
> Montaigne, « De la phisionomie ».

Le premier chapitre du livre I des *Essais* constitue par rapport à l'ensemble de l'œuvre une excellente entrée en matière. En montrant le décalage entre la réalité idéologique et la réalité observée Montaigne nous a fait voir que la vérité soutenue par des idées reçues est souvent fausse. Il nous a mis ainsi en présence d'une question qui dans son œuvre restera une des plus importantes : le problème de la connaissance.

Mais si la réalité idéologique est dans bien des cas mensonge, Montaigne ne nous permet pas de croire que tout ce qui se présente à nos yeux est vérité. Le chapitre II des *Essais*, « De la tristesse », illustre ce point de vue. Il montre que la réalité observée présente aussi des difficultés : elle n'est pas moins apte à tromper que la première, car le « dehors » n'est pas toujours une représentation du « dedans ». De ce fait, il devient difficile de distinguer l'apparent du réel. Nous verrons, par exemple, qu'un visage triste n'est pas preuve de la douleur, et qu'un visage indifférent n'est pas celui d'un manque de sentiment. L'essai s'ouvre (2) par un commentaire sur la tristesse :

> Je suis (3) des plus exempts de cette passion, et ne l'ayme

---

(1) Nous empruntons cette expression à M. Jacques Derrida qui l'emploie dans *De la Grammatologie*, Paris, éd. de Minuit, 1967, dans le même sens que Montaigne.

(2) Au sujet de la fonction des additions dans les *Essais*, voir *infra* pp. 38-39, 89-90.

(3) Ici Montaigne se prend soi-même pour l'exemple de sa démonstration.

ny l'estime, quoy que le monde ayt prins, come à prix faict,
de l'honorer de faveur particulière. Ils en habillent la sagesse,
la vertu, la conscience : sot et monstrueux ornement. Les
Italiens ont plus sortablement baptisé de son nom la mali-
gnité (1). Car c'est une qualité tousjours nuisible, tousjours
folle, et, comme tousjours couarde et basse, les Stoïciens en
défendent le sentiment à leurs sages (I : 2, 15).

Ce texte sous-entend que la tristesse n'est pas l'expression de la
douleur. Elle sert d'ornement. Utilisée de cette façon c'est un
masque, un faux semblant. Nous notons que Montaigne choisit
un vocabulaire qui nous guide dans cette interprétation. Le
« monde » a ici un sens péjoratif, indiqué par le contexte, il donne
l'idée du faux ; « prix faict » (idée reçue), « habillent » (idée de
masque), et « monstrueux ornement », accentuent l'idée de
déguisement.

Ainsi la tristesse qui sert de véhicule aux hypocrites ne peut
constituer une représentation fidèle du chagrin. Elle cache le dedans et suggère la distance qui existe entre la représentation
d'une chose (le signifié) et la chose même. Nous notons que le
concept du signifié discuté par Roland Barthes se rapporte à notre
sujet et le clarifie. Barthes observe que la nature du « signifié » a
donné lieu à des discussions qui ont surtout porté sur son degré
de « réalité », mais que « toutes s'accordent cependant pour insister
sur le fait que le signifié n'est pas une 'chose' mais une représentation psychique de la 'chose', » (2) et que Saussure lui-même
a bien marqué la nature psychique du signifié (3) en l'appelant
« concept ». Le signifié du mot « bœuf » n'est pas l'animal
bœuf (4). Montaigne montre que la cause de ce décalage varie.
Dans le cas de l'hypocrite, par exemple, il s'agit d'un « jeu » dans
le but de tromper.

La fin du passage cité nous dit pourquoi les Italiens et les
« Stoïciens » méprisent la tristesse. Pourtant Montaigne par
l'exemple de Psammenitus, roi d'Egypte, montre bien que la
tristesse n'est pas « tousjours » un « ornement, » pas « tousjours
couarde et basse, » tout autant que la constance vantée par les
Stoïciens n'est pas toujours marque de sagesse.

Conformément à sa méthode, l'argument sera développé à l'aide
d'exemples.

Psammenitus, Roy d'Egypte, ayant esté deffait et pris par

Nous avons observé ce procédé dans le chapitre précédent. Ce qu'il signifie,
nous en discuterons dans le chapitre qui traitera de la rhétorique.
(1) Le mot italien « triste » désigne à la fois chagrin et méchanceté.
(2) Barthes, *Degré zéro*, p. 114.
(3) Nous employons aussi ce terme dans le sens psychique, non pas
comme symbole linguistique dont il sera question plus tard (lorsque nous
traiterons de la rhétorique), mais en tant que manifestation visuelle.
(4) *Ibid.*, p. 115.

Cambisez, Roy de Perse, voyant passer devant luy sa fille prisonnière habillée en servante, qu'on envoyoit puiser de l'eau, tous ses amis pleurans et lamentans autour de luy, se tint coy sans mot dire, les yeux fichez en terre : et voyant encore tantost qu'on menoit son fils à la mort, se maintint en ceste mesme contenance ; mais qu'ayant apperçeu un de ses domestiques [familiers] conduit entre les captifs, il se mit à battre sa teste, et mener un dueil [douleur] extreme (*Ibid.*).

Cet exemple nous montre que la constance du roi ne représente pas son véritable état d'âme et que la soudaine manifestation de sa douleur s'explique par la maîtrise trop longtemps soutenue de cette peine. Le « monde, » qui croit que la douleur doit s'accompagner de tristesse, pourra en tirer d'autres conclusions : que l'affliction de ses propres enfants le toucha moins que celle d'un de ses « domestiques » ; Il pourra juger que son comportement fait preuve de manque de sentiments vis-à-vis de ses proches. Il n'est pas sans intérêt d'indiquer que cette attitude, rendue populaire par *L'Etranger* de Camus, est devenue un des thèmes importants de la littérature moderne et de la philosophie (nous songeons à la « mauvaise conscience » dont parle Sartre). Pour montrer que constance ne signifie pas indifférence, Montaigne introduit un autre exemple (un fait divers), bien connu de ses contemporains : Croit-il les pouvoir mieux convaincre de la justesse de son raisonnement ? Il semble que oui si l'on pense que sans un pareil dessein les détails mentionnés dans cet exemple s'expliquent difficilement (1). Voici le fait raconté par Montaigne :

Ceci [l'histoire de Psammenitus] se pourroit apparier à ce qu'on vid dernièrement d'un Prince des nostres [Charles de Guise, Cardinal de Lorraine] qui, ayant ouy à Trante, où il estoit, nouvelles de la mort de son frère aisné [le duc François de Guise (2)] mais un frère en qui consistoit 'appuy et l'honneur de toute sa maison, et bien tost après d'un puisné [l'abbé de Cluny] (3), sa seconde esperance, et ayant soustenu ces deux charges d'une constance exemplaire, comme quelques jours après un de ces gens vint à mourir, il se laissa emporter à ce dernier accident, et, quittant sa resolution [constance], s'abandonna au dueil et aux regrets, en maniere qu'aucuns en prindrent argument, qu'il n'avoit esté touché au vif que de cette dernière secousse (*Ibid*).

Montaigne intervient pour expliquer la conduite du cardinal : « Mais à la vérité ce fut, qu'estant d'ailleurs plein et comblé de

_____

(1) Montaigne dira souvent que ses contemporains attachent une importance exagérée aux témoignages historiques. Il s'en méfie. Il semble de ce fait que soutenir un argument par un témoignage historique, comme le montre le passage que nous citons, vise ironiquement ceux qui y attachent trop de prix.

(2) Assassiné devant Orléans, le 24 février 1563.

(3) Mort le 6 mars de la même année.

tristesse, la moindre surcharge brisa les barrières de la patience »
(*Ibid*). Cette anecdote lui sert à présent d'occasion pour reprendre
et expliquer le comportement de Psammenitus :

> Il s'en pourroit (di-je) autant juger de nostre histoire,
> n'estoit qu'elle adjouste que Cambises, s'enquerant à Psamme-
> nitus, pourquoy ne s'estant esmue au malheur de son fils
> et de sa fille, il portoit si impatiemment [avec si peu d'en-
> durance] celuy d'un de ses amis : « C'est, respondit-il, que
> ce seul dernier desplaisir se peut signifier (1) par larmes, les
> deux premiers surpassans de bien loin tout moyen de se
> pouvoir exprimer » (*Ibid.*, 15-16).

Pour mettre en relief cette idée il nous conte l'histoire de ce
peintre, (2) lequel, ayant à représenter au sacrifice d'Iphigénie
le deuil des assistants, quand il vint au père de la fille,

> il le peignit le visage couvert, comme si nulle contenance
> ne pouvoit representer ce degré de deuil. Voylà pourquoy les
> poëtes feignent cette misérable mere Niobe, ayant perdu pre-
> mierement sept fils, et puis de suite autant de filles, sur-char-
> gée de pertes, avoir esté en fin transmuée en rochier, ...pour
> exprimer cette morne, muette et sourde stupidité qui nous
> transit, lors que les accidens nous accablent surpassans notre
> portée (*Ibid.*, 16).

On aurait cru, au début de cet essai, qu'en signalant sa méfiance
vis-à-vis de la tristesse Montaigne opterait pour la constance.
Homme de tempérament modéré, il le ferait peut-être s'il ne dou-
tait pas que cette vertu soit « tousjours » possible à maintenir.
La constitution physique et psychologique de l'homme s'y oppose.
A force de la maîtriser trop longtemps on en devient l'esclave :

> De vray, l'effort d'un desplaisir, pour estre extreme, doit
> estonner toute l'ame, et lui empescher la liberté de ses ac-
> tions : comme il nous advient à la chaude alarme d'une bien
> mauvaise nouvelle, de nous sentir saisis, transis, et comme
> perclus de tous mouvemens, de façon que l'ame se reslachant
> après aux larmes et aux plantes, semble se desprendre, se
> demesler et se mettre plus au large, et à son aise,... (*Ibid.*).

En présentant un autre exemple il montre que là où l'âme du
roi Ferdinand ne se relâche pas, la peine l'abat :

> Le Roy Ferdinand... voyant raporter le corps d'un homme
> de cheval... après qu'on l'eut désarmé, trouva que c'estoit son
> fils. Et, parmi les larmes publiques, luy seul se tint sans
> espandre ny vois ni pleurs, debout sur ses pieds, ses yeux

---

(1) Il est à noter que Montaigne utilise ce terme, devenu de nos jours à
la mode, dans le même sens que la critique moderne.
(2) L'Athénien Timanthe (ive siècle avant J.C.).

immobiles, le regardant fixement, jusques à ce que l'effort
[la violence] de la tristesse venant à glacer ses esprits vitaux,
le porta en cet estat roide mort par terre (*Ibid.*).

En se référant à quelques autres anecdotes qui montrent que
la mort subite peut être causée non seulement par excès de peine
mais encore par excès de la joie, Montaigne termine ce chapitre
par une histoire qui témoigne de la plus notable « imbécilité humaine ». Il y est question d'un « Dialecticien » qui « mourut sur
le champ, espris d'une extreme passion de honte, pour en son
eschole et en public ne se pouvoir desvelopper [dégager] d'un
argument qu'on luy avoit faict » (*Ibid.*, p. 17). Faut-il attacher de
l'importance à cette anecdote qui se rit d'un « dialecticien ? »
Ceci semble être le cas : c'est une manière ironique d'accentuer
sa critique de la dialectique qui se devine ici, c'est discréditer cet
art subtil d'argumenter auquel il revient tout le long des pages des
Essais, et par là reprendre le fil du chapitre précédent où il a mis
en relief la diversité du comportement humain et du jugement,
et la futilité du savoir idéologique.

La phrase qui termine cet essai n'est pas moins significative.
En reprenant l'exemple que lui fournit la tristesse Montaigne déclare être « peu en prise de ces violentes passions. » avoir l'ap-
préhension naturellement dure « qu'il « encrouste et espessis tous
les jours par discours » (*Ibid.*), pp. 17-18). Montaigne déclare ici
que son comportement se conforme à sa pente naturelle qu'il
renforce à l'aide de la raison, c'est-à-dire en réfléchissant à la
question, en s'éduquant. Il souligne aussi par ce fait que s'il ne
se laisse pas emporter facilement par les émotions, ce n'est pas
l'effet d'une conviction idéologique mais du tempérament. L'étude
(« le discours ») aura dans ce cas une valeur uniquement complé-
mentaire. Nous trouvons ici le germe de son concept de l'éducation
qu'il développera dans plusieurs chapitres.

En bref, l'essai « De la tristesse » occupe une place importante
dans l'ensemble de l'œuvre (1). Sur le plan formel il confirme
ses avertissements : le titre de cet essai, par exemple, ne décrit
pas vraiment son contenu, il le dénote « seulement par quelque
marque » (III : 9, 973), comme dit l'auteur. D'autre part, la tristesse comme sujet n'est qu'un exemple (2), un procédé rhétorique,

---

(1) Nous différons sur ce point de Villey, qui trouve ce chapitre et « la
plupart des suivants » de « peu d'intérêt ». Voir la note en tête du chapitre II,
p. 2 dans *Les Essais de Michel de Montaigne,* éd. par V.L. Saulnier, Lausanne,
La Guilde du Livre, 1965, et notre commentaire à la p. 19.
(2) Il semble que Sartre lui attribue la même signification que Montaigne :
« Tu peux inventer toi-même des exemples, » dit Roquentin à Anny, après
lui avoir conté l'histoire de Psammenitus, « Tu vois : il y a des cas où on
ne doit pas pleurer — ou bien alors on est immonde. Mais si on se laisse tomber
une bûche sur le pied, on peut faire ce qu'on veut, geindre, sangloter, sauter
sur l'autre pied. Ce qui serait sot, ce serait d'être tout le temps stoïque :

à l'aide duquel Montaigne expose un problème bien plus vaste et de nature épistémologique. En employant les exemples « objectifs » (les anecdotes), et « subjectifs » (où il parle de lui-même) (1), Montaigne augmente la force persuasive de ses arguments ; en faisant la distinction entre l'apparent et le vrai, le masque et la réalité, il fait sous-entendre sa vérité, par le jeu des contrastes. Sa méthode, observée dans le chapitre précédent, s'accentue ici davantage, et par là sa pensée : dès à présent, son attitude sceptique à l'égard du savoir certain est manifeste. En termes plus précis, Montaigne nous rend conscients que le jugement fondé sur l'observation n'est pas exempt de pièges : l'individu ne se révèle pas tel qu'il est véritablement. Il attribue à ce fait trois raisons : 1) la conviction morale qui réprime les sentiments naturels (dans ce cas il ne s'agit pas du manque de sincérité) ; 2) le gain où il s'agit du « jeu » : les personnages choisissent le rôle (2) qui leur est utile ; si l'hypocrite « joue » le triste, par exemple, c'est que la société attribue à la tristesse une certaine noblesse. En revêtant le masque de tristesse, l'hypocrite trompe plus facilement, 3) *un phénomène physique,* la douleur trop violente qui glace les sens. Dans ces trois cas il s'agit d'un décalage entre le dehors et le dedans dont la cause peut être intentionnelle ou non.

La question d'intention est développée dans plusieurs contextes, mais c'est dans le chapitre « Des menteurs » que Montaigne fait la distinction entre le mensonge intentionnel et le mensonge involontaire. Elle peut clarifier l'idée qu'il a exposée dans « De la tristesse ». En se référant aux grammairiens, il observe que ces derniers n'ont pas tort de faire une distinction entre « dire mensonge » et « mentir ». « Dire mensonge, c'est dire chose fauce, mais qu'on a pris pour vraye », disent les grammairiens, tandis que « mentir » d'où « nostre François est party, porte autant comme aller contre sa conscience ». (I : 9, 36.) D'après cette définition, ceux qui agissent conformément à une idéologie, donc à un concept faux qu'ils ont pris pour vrai, se rangent parmi ceux qui disent mensonge.

Enfin, par les nuances que contient l'essai « De la tristesse », on peut voir que l'intérêt ne s'en mesure point, contrairement à ce que note Villey, par rapport à la « peinture du moi », mais à la *manière* dont Montaigne traite son contenu (3). Les passages ajoutés (personnels) par lesquels il commence et termine cet essai, ne changent pas le sens de la matière première (4), mais ils cla-

on s'épuiserait pour rien ». Jean Paul Sartre, *La Nausée,* Paris, Gallimard, 1938, pp. 209-210.
    (1) Nous traitons de ce problème dans le chapitre VII de cette étude.
    (2) Voir *infra,* p. 66 et *passim.*
    (3) Voir *infra,* p. 51, note 1.
    (4) M. Philippe Hallie écrit à ce propos : « De grands érudits comme Pierre Villey ont tracé l'évolution de certains aspects de ces idées à travers les différentes éditions des *Essais* parues durant la vie de Montaigne. Il reste toutefois que Montaigne a signé de son nom l'œuvre totale des *Essais* ». *The*

rifient le thème du décalage entre le dehors et le dedans. Comme le dira l'auteur :

> Mon livre est tousjours un. Sauf qu'à mesure qu'on se met à le renouveller afin que l'acheteur ne s'en aille les mains du tout vuides, je me donne loy d'y attacher (comme ce n'est qu'une marqueterie mal jointe), quelque emble supernumé-raire. Ce ne sont que surpoids, qui ne condamnent point la premiere forme, mais donnent quelques pris particulier à chacune des suivantes par une petite subtilité ambitieuse. De là toutesfois il adviendra facilement qu'il s'y mesle quel-que transposition de chronologie, mes contes prenans place selon leur opportunité, non tousjours selon leur aage (III : 9, 941).

Cette « petite subtilité » clarifie justement l'idée, et suggère qu'il est conscient qu'à la difficulté « naturelle » que présente le pro-blème de la connaissance s'ajoute souvent une autre créée par « la mauvaise conscience » de ceux qui interpréteront son œuvre. Ainsi en établissant la distinction entre la *chose* et la *représentation,* Montaigne révèle sa façon d'envisager le problème de la connais-sance : connaissance et diffusion, donc connaissance et langage, seront ainsi traitées parallèlement. Les deux premiers chapitres des *Essais* portent en germe les idées essentielles de l'œuvre, et nous verrons que les difficultés posées par la limitation du savoir ne découragent point l'auteur. Contrairement à un Pascal qui, an-goissé, essayera de chercher la certitude dans la foi et abandonnera la vaine poursuite des choses de ce monde, Montaigne, lui qui n'est pas tragiquement « touché » par l'incertitude de l'Etre, ne consacrera point de temps à la contemplation du Néant. A la façon des penseurs grecs qui cherchent à explorer le Nomos, il veut connaître TOUT CE QUI EST HUMAIN, car il croit qu'il est aussi présomptueux de refuser ce qui appartient à l'homme que de chercher éperdument ce qui n'est pas de notre taille, mais qui est de la sphère céleste.

> C'estoit un commandement paradoxe que nous faisoit an-ciennement ce Dieu à Delphes : « Regardez dans vous, re-connoissez vous, tenez vous à vous ; vostre esprit et vostre volonté, qui se consomme ailleurs, ramenez la en soy ; vous vous escoulez, vous vous respandez ; appilez vous, soutenez vous ; on vous trahit, on vous dissipe, on vous desrobe à vous. Voy tu pas que ce monde tient toutes ses veues contraintes au dedans et ses yeux ouverts à se contempler soy-mesme ? C'est toujours vanité pour toy, dedans et dehors, mais elle est moins vanité quand elle est moins estendue. Sauf toy, O homme, disoit ce Dieu, chaque chose s'estudie la premiere et a, selon son besoin, des limites à ses travaux et désirs. Il n'en est une seule si vuide et necessiteuse que toy, qui em-brasses l'univers ; *tu es le scrutateur sans connoissance, le magistrat sans jurisdiction et, après tout, le badin de la farce* (*Essais,* III : 9, 979-80).

Scar of Montaigne, « Introduction », p. xvii. En entreprenant notre tâche nous nous sommes placés au point de vue de l'auteur lui-même qui a conçu son œuvre comme une *totalité.*

Chapitre IV

MONTAIGNE, CRITIQUE DE SON SIÈCLE :
GUERRES CIVILES ET LANGAGE (1)

To read the *Essays* without looking at the physically and morally suicidal century in which he lived is to read them ill.

Lire les *Essais* sans se pencher sur le siècle dans lequel il a vécu, sur ce siècle aux tendances vers le suicide, qui courait à sa ruine physique aussi que morale, c'est les lire mal.

Philip HALLIE, *The Scar of Montaigne* (2).

L'escriverie semble estre quelque simptome d'un siècle desbordé. Quand escrivismes nous tant que depuis que nous sommes en troubles ?

Michel DE MONTAIGNE, « De la vanité ». (III : 9, 923).

En présentant l'analyse détaillée de deux premiers essais du Livre I, notre intention était de les situer par rapport au reste du contenu de l'œuvre ; ils en constituent une introduction. Toutefois comme Montaigne ne construit pas de façon « ordonnée » mais à « sauts » et à « gambades », nous retrouvons la matière de ces deux chapitres éparpillée dans presque tous les essais. Montaigne a annoncé ses thèmes mais il les développe en subtiles variations. La distinction qu'il fait par exemple entre la réalité observée et la réalité idéologique, le décalage qu'il observe entre le « dehors » et le « dedans », préparent le thème du « masque ». Pour le présenter nous ne nous en tiendrons pas à la chronologie, mais nous accumulerons les textes des trois livres. Montaigne compose en avançant et en reculant, juxtaposant ses exemples par la technique qui répond le mieux à sa façon de voir le monde. Il met cette

---

(1) Pour la définition de ce terme voir « L'Introduction », p. 12, note 3.
(2) La phrase qui précède ces paroles est la suivante : « He started writing the *Essays* in 1572, the year of St. Bartolomew's Day Massacre, and never breathed a breath at a time when his century was not beset or threatened by the religio-civil conflic between Catholic and Protestants ». Il a commencé à écrire les *Essais* en 1572, l'année du massacre de Saint Barthélomé, et depuis, il n'a respiré un jour sans voir son pays assailli ou menacé par le conflit religieux et civil entre les Catholiques et Protestants. » Philip HALLIE, *The Scar of Montaigne*, (œuvre déjà citée), p. 4.

technique au service de sa critique. Mettre la matière de son livre
« en ordre » serait la changer (1).

Mais quelle est au fond l'intention de Montaigne ? Quel est son
but ultime ? D'après nous il est double : rectifier les abus dont
les guerres civiles constituent l'effet, et ouvrir des perspectives
nouvelles sur le problème de la connaissance et sur l'instrument
de sa diffusion, le langage. Pour réaliser ce dessein il fait la critique
de ses contemporains, critique qui se résume en deux points
essentiels : 1) dénoncer la corruption et l'hypocrisie « ôter les
masques » (il s'agit de dénoncer non pas pour détruire mais pour
rectifier) ; 2) attaquer les idéologies, la servitude intellectuelle.
N'ignorons donc point que ce qui le distingue de la plupart des
écrivains de son époque, (et c'est une distinction capitale), c'est
que ses activités littéraires constituent avant tout un « parti-pris »
historique, et que ce parti-pris le met, comme l'observe Villey (2),
« en opposition avec son siècle ». Le commentaire de M. Dagens sur
ce sujet mérite d'être mentionné ici. En examinant le fanatisme
et la barbarie de mœurs qui prévalent toujours, au siècle de
Bérulle et de la Contre-Réforme, M. Dagens s'interroge sur le jeu
de leurs causes. Il note que la croyance en l'intervention diabo-
lique était partie de l'orthodoxie chrétienne, mais qu'il reste à expliquer la prodigieuse crédulité, humiliante pour l'esprit humain,
non pas des « siècles obscurs », mais de la « Renaissance triom-
phante ». Il note « qu'il est certain que les responsabilités de
l'Eglise et celles des pouvoirs publics sont accablantes dans le
progrès monstrueux de la sorcellerie... » (3) La Bulle fulminée le 13
décembre 1484, avait établi une liaison étroite entre les crimes
d'hérésie et de magie. Au même moment, Innocent VIII avait
nommé deux dominicains, Henri Institoris et Jacques Sprengler,
pour exterminer les sorciers, avec le concours des princes. Les
deux inquisiteurs publièrent, en 1487, *Le Mallet de sorciers*, qui
sera la source où puiseront, pendant tout le XVIᵉ siècle, juristes
et démonographes. » (4)

M. Dagens observe alors que :

> Les écrivains de la Renaissance font de l'autorité des An-
> ciens un usage qui déconcerte notre logique moderne. La
> préface que Bodin a écrite pour sa *Démonomanie* est à ce
> sujet un texte d'une importance capitale... Pour Bodin, la

---

(1) Voir *supra* p. 22.
(2) L'observation de Villey a des réservations car elle se conforme à sa
thèse de l'évolution de la pensée de Montaigne. Voir *Les Essais*, éd. de Villey,
op. cit., notre préliminaire et aussi le commentaire de M. Raymond Lebègue
dans l'article de M. Pierre Michel « Montaigne vu par M. Raymond Lebègue »,
B.S.A.M. Nº 14, 1968, p. 45.
(3) Dagens fait ici allusion à l'affaire célèbre de Marthe Brossier et au
Traité des Energumènes de Bérulles. Voir son œuvre, *Bérulle et les origines
de la restauration catholique*, pp. 150-151.
(4) *Ibid.*, p. 158.

certitude des faits de sorcellerie est irréfutablement prouvées par la concordance entre les faits observés par les modernes et le témoignage des Anciens (4).

En faisant allusion à la « spiritualité », de Bérulle, à sa croyance aux interventions diaboliques (2), à cette « prodigieuse crédulité humiliante de l'esprit humain », M. Dagens note que « tandis qu'un Montaigne insiste sur les contradictions des philosophes anciens, Bérulle exalte leur unanimité » (3), Montaigne ne mérite donc point le reproche que Dagens fait à tant d'humanistes de la Renaissance. Lisons son commentaire sur Montaigne par rapport à Bérulle. Il nous intéresse particulièrement car il souligne l'opposition entre Montaigne et son siècle :

> Nous ne trouvons pas dans l'œuvre de Bérulle d'allusions à Montaigne. Rien ne prouve qu'il l'ait lu. Mais Bérulle, qui a été si sévère pour Sénèque et pour Epictète l'aurait été sans doute encore davantage pour Montaigne, surtout s'il avait pu prévoir que la philosophie pratique des *Essais* deviendrait celle d'un grand nombre. Rien n'est plus éloigné de son esprit que l'attitude morale d'un Montaigne. Montaigne naturalise la vie. Bérulle, parmi les chrétiens spiritualistes, un de ceux qui la pénètrent le plus du surnaturel : pour lui le progrès vers la perfection est abnégation de la volonté propre, de la personnalité propre, qui doit devenir « pure capacité de Dieu » (4). Pour Montaigne elle est prise de conscience et affirmation du moi humain. Bérulle insiste volontiers sur la grandeur de l'homme, mais il la rapporte à Dieu. Montaigne peint volontiers notre misère et notre faiblesse, il nous ravale au niveau des bêtes. Mais ce pour établir sur les ruines de la vieille conception hiérarchique de la création la primauté du jugement personnel, qui devient unique règle de pensée et l'unique règle de vie. Pour Bérulle la religion doit pénétrer toute la vie humaine. Dans l'univers de Montaigne, elle est enfermée dans les églises ou réfugiée dans les cieux. Sur terre, le sage armé d'une pensée fragile cherche la vérité, la beauté et aussi l'utilité et le plaisir, il vise à un bonheur purement humain. L'influence de Montaigne est une de celles qui au XVIe siècle contribueront le plus efficacement à la laïcisation de la vie (5).

---

(1) *Ibid.*, p. 161.
(2) *Ibid.*, p. 158.
(3) *Ibid.*, p. 23.
(4) Pour mieux comprendre tout ce que ce spiritualisme comporte, M. Dagens note que pour Bérulle l'Ange et l'homme sont des créatures privilégiées, capables de Dieu et d'elles-mêmes... (p. 184). Et Bérulle indique par quel chemin on peut arriver à s'unir à Dieu. « Il faut que le vieil homme diminue pour que le Christ puisse croître en nous ». (p. 184), et encore : (M. Dagens qui commente) « il faut donc mépriser le monde ; et le monde commence à nous-mêmes. Le premier *ennemi à combattre et à anéantir c'est le moi humain, source de tout mal :* par la pénitence, nous devons non seulement nous éloigner de nous-même, mais nous détruire nous-mêmes » (p. 185). Il suffit de tourner nos regards sur le chapitre « Du Repentir » dans les *Essais* pour se rendre compte pourquoi Montaigne avait consacré tant de mots à la « cérémonie »...
(5) *Ibid.*, p. 59.

Après ce qui a été dit, on ne s'étonnera pas de voir M. Dagens constater que « L'art de conférer » des polémistes chrétiens n'est point celui de Montaigne, mais celui des « écoles de parlerie » que raillait Montaigne ; (1) de constater aussi que la rupture qu'il annonçait devait gêner surtout ceux à qui il s'adressait, ou encore ceux qui se croyaient critiqués. C'est dans cette perspective que le sens de son geste nous apparaît le plus digne, et l'intérêt qu'il porte au langage, le plus significatif.

Reprenons à présent le texte de Montaigne. Dans ce chapitre observons comment Montaigne dénonce les abus de la guerre, et comment il s'efforce de montrer que le langage s'emploie, dans ce conflit, comme instrument de manipulation au service de la politique.

A ce sujet M. Brunschvicg, nous apprend que le « temps de Montaigne est un temps 'malade' qui érige le mensonge en système », et que Montaigne lui-même est « à la lettre hanté par les horreurs que les événements de la Réforme ont accumulées dans l'Occident européen » (2). Qu'il appréhende la nature empoisonnée de la situation se voit dans la force de ses expressions. Voici un texte qui nous permet de saisir la gravité de ses sentiments : « Monstrueuse guerre : les autres agissent au dehors ; cette-cy encor contre soy se ronge et se defaict par son propre venin. Elle est de nature si maligne et ruineuse qu'elle se ruine quand et quand le reste, et se deschire et desmembre de rage » (III : 12, 1018.) Dans l'exclamation « monstrueuse guerre » nous saisissons d'emblée un spectacle d'horreur. En présentant la guerre qui s'érige en monstre quasi gigantesque l'auteur croit, sans doute, frapper l'imagination du lecteur. Ces mots sont soigneusement choisis pour imprimer en nous l'émotion forte que l'auteur doit lui-même éprouver. Les expressions qui suivent « les autres », « son propre », « cette-cy », « autres », « contre-soy », convergent, pour nous mettre en présence d'un fait : que cette guerre est domestique. Par les mots « ronge », « desfaicts », « desmembres », « rage », et par l'accumulation des verbes et des substantifs, l'auteur crée l'image d'un corps cancéreux en train de se « desfaire » par son propre venin.

Dans le chapitre « De la praesumption » une déclaration similaire relie l'horreur de la guerre au thème du « masque » : « J'aperçois, en ces desmambremens de la France et divisions où nous sommes tombez, chacun se travailler et deffendre sa cause, mais, jusques aux meilleurs, avec desguisement et mensonge » (III : 9, 972). « J'aperçois » nous met en présence d'une réalité observée. « Desmambremens », « divisions », « France », « chacun

---

(1) *Ibid.*, p. 235.
(2) Léon BRUNSCHVICG, *Descartes et Pascal, lecteur de Montaigne*, éd. de la Baconnière, Neuchâtel, 1945, p. 29.

se travailler » et « deffendre sa cause » dénotent l'existence des factions partisanes ; « desguisement », « mensonge », et « jusques aux meilleurs » accusent le caractère perfide du conflit. « Nous sommes tombez » signifie, dans ce contexte, le piège tendu aux « innocents » par ceux qui portent le masque.

Montaigne lui-même se range dans cette catégorie :

> Les qualitez mesmes qui sont en moy non reprochables, je les trouvois inutiles en ce siecle... A quelque chose sert le mal'heur. Il fait bon naistre en un siècle fort depravé ; car, par comparaison d'autruy, vous estes estimé vertueux à bon marché. Qui n'est que parricide en nos jours, et sacrilège, il est homme de bien et d'honneur (II : 17, 629).

Si la situation semble à Montaigne si désespérante, c'est qu'en prétendant guérir la sédition (allusion au parti catholique) « elle en est pleine », elle « veut chastier la desobeyssance et en montre l'exemple, et, employée à la deffence des loix, faict sa part de rebellion... » (III : 12, 1018). Montaigne souligne ici le côté absurde de la situation et pour mettre en valeur l'image de la dégradation morale provoquée par la guerre il se sert encore du vocabulaire médical : « Où en sommes-nous ? Nostre médecine porte infection.

> Nostre mal s'empoisonne
> Du secours qu'on luy donne. »

En outre, c'est en comparant le conflit de son pays avec les guerres étrangères qu'il rend son argument plus saillant : « Et, de vray, une guerre estrangiere est un mal plus doux que la civile » (II : 23, 664), car nous devons reconnaître que la Rome ancienne a eu seulement à subir les ambitions rivales d'un Marius et d'un Sylla, d'un Pompée et d'un César. La rupture de l'unité de son pays a des conséquences autrement graves : « en matière de guerres intestines, vostre valet peut estre du party que vous craignez. Et où la religion sert de prétexte, les parentez mesmes deviennent infiables, avec couverture de justice » (II : 15, 600).

La corruption des mœurs observée par Montaigne le force à réfléchir sur les causes diverses qui prolongent ce conflit dont il est témoin engagé. Nous avons dit que Montaigne est conscient du fait que pensée et expression — phénomène linguistique — sont étroitement liés. Il croit nécessaire de signaler cette vérité au lecteur. Ceci se voit à l'intérêt continu qu'il révèle pour le langage, la manière dont il parle, le fait que ses thèmes sont traités en fonction du langage. Le langage lui apparaît comme instrument qui transmet la connaissance, qui a un rapport intime avec la psychologie, et qui de ce fait le rend méfiant quant à son pouvoir et son efficacité. On note à ce sujet de nombreuses références à l'antiquité. C'est que Montaigne voit la similarité entre lui-même

4

et les anciens. Comme ces derniers, qui au temps de la sophistique, dénonçaient cet art subtile d'argumenter, l'influence néfaste qu'il exerçait sur les esprits, pareillement Montaigne s'inquiète du pouvoir que le langage joue dans les affaires politiques de son temps. Il ouvre le chapitre « De la vanité des paroles » en se référant à l'antiquité :

> Un Rhetoricien du temps passé disoit que son mestier estoit, de choses petites les faire paroistre et trouver grandes. C'est un cordonnier qui sçait faire de grands souliers à un petit pied (I : 51, 292).

Ce « rhétoricien » fait « profession d'un art piperesse et mensongere ». Il fait métier de tromper. Ces propos, généraux ici, se précisent à mesure que Montaigne développe le thème. On lit à la même page : « Ceux qui masquent et fardent les femmes, font moins de mal ; car c'est chose de peu de perte de ne les voir en leur naturel » ; mais quant aux rhétoriciens, ils « font estat de tromper non pas nos yeux, mais nostre jugement, et d'abastardir et corrompre l'essence des choses » (1) (I : 51, 292). En faisant la distinction entre tromper les « yeux », le « jugement », et « l'essence des choses », Montaigne souligne en effet le potentiel du langage et montre qu'à cause de sa nature complexe (2) il peut s'employer comme instrument psychologique et épistémologique.

> Les Atheniens, s'apercevant combien son usage, qui avoit tant credit en ville, estoit pernicieux, ordonnerent que sa principale partie, qui est esmouvoir les affections, en fust ostée ensemble les exordes et perorations (Ibid., 293).

Si Montaigne redoute le pouvoir des mots, c'est qu'il redoute aussi le pouvoir de la raison. C'est « un glaive double et dangereux. Et en la main mesme de Socrate, son plus intime et plus familier amy, voyez à quant de bouts c'est un baston » (II : 17, 638). Par cette critique du langage Montaigne vise les manipulateurs, et soutient, à titre d'exemple, que les discours politiques démontrent que la raison humaine peut inventer toutes sortes d'arguments

---

(1) Montaigne se réfère ici à une anecdote qu'il vient de raconter, et où il est question de Thucydide (il ne s'agit pas ici de l'historien) et de Périclès. Lorsque le roi demanda un jour à Thucydide qui était le plus fort à la lutte, Periclès ou lui, Thucydide, celui-ci répondit, non sans étonner son roi : « Cela,... seroit mal-aysé à vérifier ; car quand je l'ay porté par terre en luictant, il persuade à ceux qui l'ont veu qu'il n'est pas tombé, et le gaigne » (Ibid., 292).
(2) Notons que Saussure reconnaît, lui aussi, cette nature « hétéroclite » du langage : «Pris dans son tout, le langage est multiforme et hétéroclite ; à cheval sur plusieurs domaines, à la fois physique, physiologiques et psychique... » Ferdinand Saussure, Cours de linguistique générale, éd. par Charles Bally et Albert Sechehay, Paris, Payot, 1969, p. 25.

pour soutenir ce qu'elle avance. Mais il remarque que la solidité d'un exposé ne prouve pas sa vérité :

> Les discours de Machiavel, pour exemple, estoient assez solides pour le subject, si y a-il eu grand aisance à les combattre ; et ceux qui l'on [sic] faict, n'ont pas laissé moins de facilité à combattre les leurs. Il s'y trouveroit tousjours, à un tel argument, dequoy y fournir responses, dupliques, repliques, tripliques, quadrupliques, et cette infinie contexture de debats que notre chicane a alongé tant qu'elle a peu en faveur des procez... les raisons n'y ayant guere autre fondement que l'experience, et la diversité des evenements humains nous presentant infinis exemples à toute sorte de formes » (*Ibid.*, 638-39).

On comprend pourquoi Montaigne fait procès au Mot : si un des jeux du langage est le mensonge, si la parole est un instrument pliable qui nous induit en erreur, il faut en parler ouvertement, faire voir qu'il y a un rapport entre la corruption des mœurs de son pays et la corruption du langage :

> Un sçavant personnage de nostre temps dit qu'en nos almanacs, où ils disent chaud, qui voudra dire froid, et, au lieu de sec, humide, et mettre tousjours le rebours de ce qu'ils pronostiquent, s'il devoit entrer en gageure de l'evenement de l'un ou l'autre, qui ne se soucieroit pas quel party il print, sauf ès choses où il n'y peut eschoir incertitude, comme de promettre à Noel des chaleurs extremes, et à la sainct Jean des rigueurs de l'hiver. J'en pense de mesme de ces discours politiques : à quelque rolle qu'on vous mette, vous avez aussi beau jeu que vostre compagnon, pourveu que vous ne venez à choquer les principes trop grossiers et apparens... Nos mœurs sont extremement corrompuës, et panchent d'un merveilleuse inclination vers l'empirement ; ... » (*Ibid.*, 639).

Ce lien que Montaigne observe entre la communication et les événement de la guerre, doit donc constituer pour lui un signe profond de la maladie de son pays, pour qu'il en parle dès le début de son œuvre. Les deux premiers essais du Livre I (1), ne présentent pas encore d'allusion directe à ce lien. Là, Montaigne traite des sujets de nature générale applicables à n'importe quelle époque de l'Histoire. Mais l'essai III du même livre, « Nos affections s'emportent au delà de nous », annonce déjà la scène contemporaine, et on y trouve aussi la première allusion au langage utilisé à des fins politiques.

---

(1) Pierre Villey cherche l'unité de l'œuvre dans le dessein de se peindre qu'expose Montaigne. C'est pourquoi il trouve les chapitres de l'époque 1572 de peu d'intérêt (voir annotations de premiers chapitres dans l'édition de Villey, 1965, que nous avons déjà annoncée). Il observe pourtant que Montaigne avait placé intentionnellement le thème de l'inconstance (chapitre 1, Livre I) en tête de l'œuvre. Ce fait indique plutôt que le dessein de Montaigne peut se

Tite-Live n'avait pas tort de dire « que le langage des hommes nourris sous la Royauté est tousjours plein de folles ostentations et vains tesmoignages, chacun eslevant indifferemment son Roy à l'extreme ligne de valeur et grandeur souveraine » (I : 3, 19), montrant ainsi que ces « folles ostentations » ne sont que mensonge : qu'on attribue au « reng » louange « qui appartenoit au merite » (*Ibid.,* 20) (1). La réflexion de Tite-Live indique que le désir de plaire fait naître une certaine façon de parler. Montaigne dénonce ces louanges mais, semblant prévoir la réaction de ceux qui voudraient, par patriotisme, justifier leur usage, il déclare que « nous devons la subjection et l'obéissance également à tous Rois, car elle regarde leur office : mais l'estimation, non plus que l'affection, nous ne la devons qu'à leur vertu » (*Ibid.,* 19), et que « ceux qui, par respect de quelque obligation privée [personnelle], espousent iniquement la memoire d'un prince meslouable, font justice particuliere aux depends de la justice publique » (2) (I : 3, 19).

L'essai IV, « Comme l'ame descharge ses passions sur des objects faux quand les vrais luy defaillent », présente lui aussi

---

trouver ailleurs que dans la peinture du moi. M. Pierre Michel déclare à ce propos : « Même un examen superficiel montre que, malgré l'abondance des confidences, les Essais ne sont pas des « mémoires » et encore moins un « journal » : l'ordre chronologique n'en commande pas la structure, et les références précises concernent la vie morale, et non pas les faits matériels, » Pierre Michel, « Michel de Montaigne ou l'accomplissement de la Renaissance Française », *B.S.A.M.*, juillet-décembre, 1970, N° 22-23, p. 30.

Pour la critique adressée à Pierre Villey, voir le *Bulletin de la Société des Amis de Montaigne* depuis, au moins, 1966, et particulièrement les articles de MM. Bonnet, Françon, Michel, Rat, Lebègue, pour n'en mentionner que quelques-uns. M. Bonnet qui prépare une édition critique des *Essais* depuis quelques années, observe (à propos de l'édition présentée par Villey et réimprimée sous la direction et avec préface de M. Saulnier) : « ... dans cet ouvrage, le lecteur moderne recueillera sous le millésime de 1965 le bénéfice de travaux qui avaient atteint leur pleine maturité... trente-cinq ans plus tôt, et dont une partie (encore assez réduite, par bonheur !) se trouve à vrai dire aujourd'hui quelque peu dépassée... « Fâcheuse méprise, à notre avis, et qu'il eût été cependant facile d'éviter ! Il suffisait par exemple de s'inspirer de ce qu'a fait M. Maurice Rat lorsqu'il décida de prendre, il y a quatre ans, le Montaigne d'Albert Thibaudet pour la « Pléiade » de Gallimard : c'était bien là, certes ! une édition nouvelle, et non pas seulement par l'adjonction des autres œuvres de Montaigne (le *Journal*, les *Lettres*, le *Livre de raison*, etc.), mais aussi grâce à la modernisation du commentaire et de la bibliographie qui ont, l'un comme l'autre, profité de trente années de recherches fructueuses, et ces apports, judicieusement disposés, n'ont jamais été considérés par personne, nous semble-t-il, comme des « replâtrages disparates » (cf. Pierre BONNET. « Bibliographie », *B.S.A.M.*, N° 8, 1966, octobre-décembre, pp. 22-24).

(1) On retrouve ce thème dans l'essai « De l'incommodité de la grandeur », (III : 7).

(2) Ces paroles sont significatives par le parti-pris de Montaigne qu'elles révèlent. Elles se comprennent à la lumière de son engagement public dans les guerres civiles dont il nous entretient dans les *Essais*. Son rôle de conciliateur entre les deux partis ennemis lui a donné l'occasion de connaître et de pénétrer tous les milieux du drame. C'est pourquoi de telles déclarations portent un cachet spécial. Quand il annonce par exemple, dans « De la Vanité », que « la plus honorable vocation est de servir au publiq et estre utile à beaucoup » (III : 9, 929), réprouvant, semble-t-il, de cette façon ceux qui louent un prince par intérêt, il nous fait comprendre la valeur précise de ces mots.

un problème lié à la communication. Montaigne y introduit un phénomène psychologique mis à la mode par Freud. En termes modernes il s'agit de l'acte de transférer un état affectif de l'objet qui l'a primitivement provoqué à un autre objet, par exemple un amoureux transfère son sentiment de la personne aimée aux objets qui l'entourent ordinairement. Psychologue en avance sur son temps, Montaigne rappelle à ses contemporains cette particularité du comportement en citant Plutarque (1), qui dit « à propos de ceux qui s'affectionnent aux guenons et petits chiens, que la partie amoureuse qui est en nous, à faute de prise legitime, plustost que de demeurer en vain, s'en forge ainsi une faulce et frivole » (I : 4, 25). Quelle est la place de cette idée dans ce contexte de guerres et de mensonge ? Montaigne insinue, de façon astucieuse, que les raisons des disputes qui déchirent son pays ne sont pas toujours celles que l'on croit être ; il s'agit de voir si nous défendons la vraie cause, lorsque nous exposons les points de nos disputes, où, si plutôt, notre âme « descharge ses passions sur des objets faux, quand les vrais luy defaillent », (ceci est le titre du chapitre). Cette idée, annoncée ici, devient plus explicite dans la phrase suivante. « Nous voyons » dit Montaigne « que l'ame en ses passions se pipe plustost elle mesme, se dressant un faux subject et fantastique, voire contre sa propre créance, que de n'agir contre quelque chose » (*Ibid.*), « quelles causes n'inventons nous des malheurs qui nous adviennent ? A quoy ne nous prenons nous à tort ou à droit, pour avoir où nous escrimer ? » (*Ibid.*, 26).

Au chapitre V, « Si le chef d'une place assiégée doit sortir pour parlementer » l'auteur oppose une « loyale et juste guerre » à la guerre dont on tire profit et où le langage sert à tromper.

> Le tromper peut servir pour le coup ; mais celuy seul se tient pour surmonté, qui sçait l'avoir esté ny par ruse ny de sort, mais par vaillance, de troupe à troupe, en une loyalle et juste guerre (*Ibid.*, 5, 27).
>
> ....
>
> Quand [sic] à nous... qui tenons celuy avoir l'honneur de la guerre, qui en a le profit, et qui après Lysander (2), disons que où la peau du lion ne peut suffire, il y faut coudre un lopin de celle du renard, les plus ordinaires occasions de surprinse se tirent de cette praticque ; et n'est heure, disons nous, où un chef doive avoir plus l'œil au guet, que celle des parlemens et traités d'accord (I : 5, 28).

Ce rappel de la scène actuelle, relié aux exemples anciens, fait

---

(1) *Vie de Périclès*, I, 104 (note de Maurice RAT, *Ibid*, p. 25, note I). Montaigne reprend ce thème dans « De mesnager sa volonté » (III : 10), que nous analysons plus loin dans le chapitre V de notre étude).

(2) Cette formule, dont se servit aussi Machiavel, était attribuée par Plutarque à Lysandre, grand général spartiate qui défit les Athéniens et prit Athènes en 405 av. J.-C. (*Grand Larousse*, vol. 6, p. 927).

voir le rapport entre la politique et le langage, ou, plus précisément, le parti qui se tire, dans ces guerres, du mensonge. Dans cet essai Montaigne nous montre que les fausses rumeurs que sema Lucius Marcus, legat des Romains, pour tromper le roi de Macédoine lui assurèrent la victoire. Il gagna par fraude (*Ibid.*, 27).

Toujours dans le contexte de la guerre, et par rapport au langage le chapitre VI « L'Heure des parlemens dangereux » ; montre aussi comment le langage s'emploie pour tromper autrui. Tout à l'heure Montaigne dénonçait les traités des Ambassadeurs, à présent il critique la trahison de « nostre armé ». La pratique de Lysander, dont il était question plus haut, est illustrée ici par un événement contemporain. Il s'agit du siège de Mussidan qui eut lieu en avril 1569 (1). Ceux qui en furent « délogez à force par nostre armée, et autres de leur party, crioient comme de trahison, de ce que pendant les entremises d'accord, et le traicté se continuant encores, on les avoit surpris et mis en pièces, ... » (*Ibid.*, 4, 29-30). Certes, il est toujours hasardeux de se fier à la licence d'une armée victorieuse, commente Montaigne, et il présente quelques exemples pour illustrer cette réflexion :

> Clomenes disoit que, quelque mal qu'on peut faire aux ennemis en guerre, cela estoit par dessus la justice, et non subject à icelle, tant envers les dieux, qu'envers les hommes. Et, ayant faict treve avec les Argiens pour sept jours, la troisiesme nuict après il les alla charger tous endormis et les défict, alleguant qu'en sa treve il n'avoit pas esté parlé des nuicts. Mais les dieux vengerent cette perfide subtilité (*Ibid.*, 6, 30).

En se référant, plus loin, à ceux qui mènent le « jeu » dans cette guerre fratricide, il avertit qu'en fin de compte, celui qui « est desloyal envers la vérité l'est aussi envers le mensonge » (II : 17, 631). On fait plus d'un traité dans la vie, plus d'une paix, et le gain qu'on rapporte à la première « desloyauté » — car il y a toujours du gain puisque dans toute action méchante les sacrilèges, les meurtres, les rebellions, les trahisons s'entreprennent pour quelque espèce de fruit — « apporte infinis dommages suivants, jettant ce prince [à qui on porte conseil] hors de tout commerce et de tout moyen de negociation... » (*Ibid.*, 632). Fait-il allusion à quelque personnage de sa connaissance ? Par sa position Montaigne a évidemment l'occasion de pénétrer dans les milieux militaires et diplomatiques de son temps et doit bien connaître les affaires dont il nous entretient. Mais peut-on distinguer le mensonge de la vérité ? Peut-on juger l'homme d'après ses actions ? Un conseiller ou un autre peut cacher soigneusement ses desseins, et c'est l'intention qui « juge nos actions », dira-t-il déjà par le titre du chapitre suivant (VII), suggérant ainsi la réponse à cette

---

(1) Voir *Essais* (I : 6, 29, note 3).

question. Il l'illustre d'un bel exemple : Henry VII, roi d'Angleterre, qui promit de n'attenter en rien à la vie de son ennemi, le Duc de Suffolc, commanda toutefois, dans son testament à son fils, de faire mourir le Duc, « soudain après qu'il seroit décédé » (I : 7, 32). Ainsi il voulait éviter d'être blâmé pour son acte.

Dans ce chapitre nous avons essayé de montrer que pour Montaigne, le langage jouait un rôle significatif dans les guerres civiles de son temps. Instrument de communication, le langage lui paraît être également, et pour cette raison justement, un véhicule commode de manipulation. Il devient de ce fait un élément crucial dans les affaires politiques. Cette façon d'envisager le rapport entre les guerres et l'exploitation des mots revient souvent sous sa plume. Nous continuerons à le démontrer dans les chapitres suivants. Il n'est pas sans intérêt de signaler à ce propos que Thucydide qui, lui aussi, décrit les scènes d'une guerre (celle du Péloponnèse), se penche de la même façon que notre auteur sur la question de l'exploitation du langage au profit de la politique durant les grandes crises. A le lire on a l'impression d'entendre les paroles de Montaigne lui-même (1).

Enfin, dans ce chapitre, nous voulions également montrer que les idées annoncées dans les deux premiers essais du Livre I (qui constituent par rapport à l'ensemble de l'œuvre une sorte d'introduction), commencent à se situer progressivement dans le cadre contemporain des guerres civiles. Notre but était une mise à jour : faire voir que même les chapitres les plus « anciens » ne sont pas « abstraits », que l'œuvre de Montaigne constitue une réaction vis-à-vis d'une situation historique dont il est témoin engagé. De ce fait elle constitue l'exemple d'une œuvre humaniste qui, bien que traitant des problèmes d'intérêt éternel, se caractérisent par leur côté d'actualité. Ceci permet d'insister sur le problème humain que ce conflit évoque et par là, chercher des solutions pratiques aux difficultés qu'il soulève.

---

(1) Voici à titre d'exemple quelques lignes où Thucydide observe comment en cette occurence des luttes où se jouent les appétits insatiables des uns qui cherchent à dominer les autres, les mots changent leur sens : « Ainsi la guerre régnait dans les cités, et celles qui étaient ici là demeurées en arrière, à la nouvelle de ce qui s'était fait, renchérissaient largement dans l'originalité des conceptions, en recourant à des initiatives d'une ingéniosité rare et à des représailles inouïes. On changea jusqu'au sens usuel des mots par rapport aux actes, dans les justifications qu'on donnait ». THUCYDIDE, *La guerre du Péloponnèse*, livre III, texte établi et traduit par Raymond Weil, Paris, société d'édition, « Les Belles Lettres », 1967.

Chapitre V

LE MASQUE ET LE JEU

Le spectacle de la guerre provoque chez Montaigne une réaction positive. Il faut « ôter les masques », dit-il en se donnant pour mission de combattre le mensonge, de démasquer les faux prophètes qui compromettent la cause publique au profit des intérêts privés. Ce thème, qui se laisse deviner dès le chapitre 2, « De la tristesse », se rencontre pour la première fois dans le chapitre 9, « Des menteurs ». C'est ici que nous trouvons une discussion directement liée au sujet du masque. Faisant allusion aux « menteurs » Montaigne déclare avoir remarqué souvent chez ceux qui par manque de mémoire se « mescontent », qu'ils font profession de « ne former autrement leur parole, que selon qu'il sert aux affaires qu'ils negotient, et qu'il plaist aux grands à qui ils parlent. Car ces circonstances, à quoy ils veulent asservir leur foy et leur consience, estans subjettes à plusieurs changements », il arrive que de même chose ils disent « gris tantost, tantost jaune ; à tel homme d'une sorte, à tel d'une autre ; et si par fortune ces hommes raportent en butin leurs instructions si contraires, que devient cette belle art ? » (I : 9, 37). A la page précédente du même essai, il commente ironiquement : « Ce n'est pas sans raison qu'on dit que qui ne se sent point assez ferme de memoire, ne se doit pas mesler d'estre menteur. » (*Ibid.*, 36.)

Montaigne présente ici le mensonge comme un monstre au nombre infini de visages : « Si, comme la vérité, le mensonge n'avoit qu'un visage, nous serions en meilleurs termes. Car nous prendrions pour certain l'opposé de ce que diroit le menteur. Mais le revers de la vérité a cent mille figures et un champ indefiny. » (*Ibid.*, 38). Par conséquent, ceux qu'il accuse d'avoir plongé la France dans cette guerre ruineuse sont des « menteurs ». C'est ainsi que Montaigne s'attaque à « la vanité des paroles », à la rhétorique, aux sectes philosophiques, au « démentir », à la

« cérémonie », aux orateurs, aux pédants, enfin à tous ceux qui cachent le « venin » sous le manteau respectable de la vertu. C'est que pour lui, le langage qui est le seul moyen de communication entre les hommes entraîne un problème moral de la plus grave conséquence : « le mentir est un maudit vice. Nous ne sommes hommes et ne nous tenons les uns aux autres que par la parole. Si nous en connoissions l'horreur et le poids, nous le poursuivrions à feu plus justement que d'autres crimes » (*Ibid.*, 37). Or, pour guérir la maladie de son pays il s'attaque aux hypocrites. C'est une mission que Montaigne semble partager avec son aîné Rabelais. Rabelais était lui aussi souvent interprété de manière trop arbitraire. Les historiens le présentent comme un optimiste de la première Renaissance, et Montaigne comme un humaniste désillusionné. Or, une lettre de Rabelais à son ami Tiraqueau (1) met cette interprétation en doute. Elle clarifie aussi la position de Montaigne.

Rabelais adresse une lettre à son ami André Tiraqueau, juriste célèbre, pour faire le procès des manipulateurs : il faut débarrasser le siècle de « cette Odysée d'erreurs », écrit-il,

> Car ceux-là que la plèbe ignorante regarde comme étant d'un certain rang parce qu'ils se targuent d'une science qui leur est étrangère, si tu leur arraches ce *déguisement* « et cette peau de lion », et si tu réussis à ce que le vulgaire connaisse enfin que l'art qui les a fait parvenir à leur haute situation n'est qu'apparence, pures illusions et inepties très ineptes, quoi d'autre paraîtras-tu avoir fait que d'avoir crevé les yeux des corbeaux (2).

Les « corbeaux » sont les faux prophètes, les ennemis du progrès, tous ceux qui cachent leurs vraies intentions sous un faux langage.

L'indignation de Rabelais est analogue à celle de Montaigne. Leurs intentions se révèlent précisément en fonction du problème du langage. L'un et l'autre s'insurgent contre les faux prophètes qui, sous prétexte de défendre une bonne cause, détournent les esprits du libre choix.

Voici un texte tiré de l'essai « De la praesumption » qui fait écho aux paroles rabelaisiennes :

> ... quant à cette nouvelle vertu de faintise et de dissimulation qui est à cette heure si fort en credit, je la hay capitalle-

---

(1) Rabelais, *Œuvres Complètes*, « François Rabelais, Médecin à André Tiraqueau juge très équitable en Poitou », éd. de la Pléiade, 1962, p. 957. Pour l'interprétation détaillée de cette lettre, voir mon article : « Rabelais et Montaigne », *Bulletin de la Société des amis de Montaigne*, N° 17 (janvier-mars, 1969).
(2) Lettre à Tiraqueau, p. 957, dans *Rabelais, Œuvres Complètes*, op. cit.

ment, et, de tous les vices, je n'en trouve aucun qui tesmoigne tant de lacheté et bassesse de cœur. C'est un'humeur [sic] couarde et servile de s'aller *desguiser* et *cacher sous un masque*, et n'oser se faire voir tel qu'on est. Par là nos hommes se dressent à la perfidie : estant duicts à produire des parolles fauces, ils ne font pas conscience d'y manquer (II : 17, 630).

Et nous lisons dans le chapitre « Des menteurs » :

La menterie seule et, un peu au-dessous, l'opiniastreté me semblent estre celles desquelles on devroit à toute instance combattre la naissance et le progrez. Elles croissent quand et eux. Et depuis qu'on a donné ce faux train à la langue, c'est merveille combien il est impossible de l'en retirer (I : 9, 37.

Dans ce passage Montaigne semble dire que penser faux est moins grave que tromper autrui. Il craint, en outre, que dans ce monde aux valeurs relatives cette façon d'utiliser le langage puisse s'établir de façon permanente. Montaigne pense que la conscience qu'ont certains du pouvoir presque illimité du langage, rend cette « arme » plus redoutable, et plus difficile à retirer à ceux qui savent en tirer profit.

Ainsi la corruption des mœurs va parallèlement avec la corruption du langage. L'une est liée à l'autre. En dénonçant les faux prophètes peut-être Montaigne espère-t-il arriver au but exprimé par Rabelais dans sa lettre :

Alors ceux qui d'abord étaient assis à l'orchestre trouveront place avec peine aux derniers rangs, jusqu'à ce qu'ils en viennent non seulement à faire rire le peuple et les esclaves (1) dont quelques-uns ont maintenant le nez de rhinocéros (2), mais à leur émouvoir d'indignation l'estomac et la bile, lorsqu'ils ne voudront plus supporter ce que la ruse et la fourberie leur avaient imposé si longtemps (lettre à Tiraqueau, p. 957).

Tout autant que Rabelais, Montaigne doute de l'efficacité de son entreprise ; tous les deux, sachant ce qu'est l'abîme de l'âme, se rendent compte que l'habitude constitue le plus grand ennemi du progrès. Rabelais évoque cette tyrannie de l'habitude qui empêche le progrès humain vers un meilleur avenir :

De même que nous avons appris que les hommes près de

---

(1) Notons que cette *métaphore du théâtre,* qui sert aussi à démasquer le déguisement des « personnages », sera utilisée par Montaigne dans le même sens. Rappelons-nous la devise des *Essais :* chaque homme joue son propre personnage. Il n'est pas hors de propos de mentionner ici que Rousseau, au contraire, voit dans le spectacle une école de vice. Montaigne qui s'apparente à Rabelais sur ce concept du théâtre, est suivi par Molière et par La Fontaine. Ce sujet sera traité au chapitre 8 de cette étude.

(2) Ionesco, aurait-il lu ce passage ?

périr dans un naufrage saisissent qui une poutre, qui un vête-
ment, qui une paille au moment où le vaisseau se brise et va
sombrer, tiennent cela dans leurs mains serrées sans penser à
nager, rassurés pourvu qu'ils ne lâchent ce qui est entre leurs
mains jusqu'à tant qu'ils soient engloutis dans le vaste gouffre;
de même à peu près en est-il de ces gens, nos amours : même
s'ils voient la nef de la fausse science brisée et béante de toutes
parts, ils retiennent par la force, par les injures les livres aux-
quels ils ont été habitués depuis l'enfance et si on les arrache,
ils pensent qu'on leur arrâche l'âme aussi. Ainsi cette vôtre
science du droit en est venue au point qu'il n'y a plus rien à
désirer pour son instauration : il y a pourtant encore des gens
à qui l'on ne peut arracher des mains les gloses surannées des
Barbares (*Ibid.*).

Ces mots trouvent aussi leur écho dans les *Essais*. Montaigne
dénonce les idéologies et les langages non pas pour bâtir des systèmes, mais pour avertir ses contemporains, pour s' « instruire »
soi-même de ce « notable spectacle de notre mort publique », et
pour instruire les autres de « ses symptômes » et de sa « forme »
car « cecy me desplaist », dit-il

de voir des natures debonnaires et capables de justice se corrompre tous les jours au maniement et commandement de cette
confusion. La longue souffrance engendre la coustume, la coustume le consentement et l'imitation. Nous avions assez d'ames
mal nées sans gaster les bonnes et genereuses. Si que, si nous
continuons, il restera malayséement à qui fier la santé de cet
estat, au cas que la fortune ne nous la redonne (III : 12, 1018-
1019).

Ainsi Montaigne blâme ceux qui portent le masque de la justice,
ceux qui prennent « avec le congé du magistrat, le manteau de la
vertu » (*Ibid.*, 1020). Enfin, le thème du masque se rapporte aussi
bien à la réalité observée, dont la scène est la guerre civile, qu'à la
réalité idéologique. Au fond, une réalité se heurte à l'autre et c'est
pourquoi Montaigne termine l'essai « Que philosopher c'est
apprendre à mourir » en proclamant qu'il « faut oster le masque
aussi bien des choses que des personnes... » (I : 20, 94).

LE « JEU »

La signification du masque dans le contexte de la critique de
Montaigne ne se laisse pas pleinement apprécier sans sa conception du jeu des personnages. Mais il y a une différence importante
entre celui qui se masque et celui qui joue. Le masque sert de
prétexte, et s'applique uniquement à celui qui triche. Le jeu

s'applique à tout homme, même le plus sincère. En reprenant l'idée de Pétrone (1) Montaigne observe que dans la vie tout autant que sur la scène de théâtre, chaque homme joue un rôle (2), que ce soit le rôle du magistrat ou de l'empereur, c'est toujours un jeu (3).

Mais le personnage n'entraîne pas dans ce jeu tout son être. Il reste toujours une partie qui ne joue pas, c'est le moi intime. Ces deux côtés de l'homme, il convient de les distinguer. Or, la présentation de l'homme qui « joue » est une des nombreuses façons propres à Montaigne de ridiculiser les ambitions humaines (4), c'est sa manière à lui de montrer leur véritable valeur, de rendre évident le fait que toutes les affaires dans lesquelles l'homme s'engage, y compris celles qu'il défend avec le plus grand zèle, ont une importance temporaire, limitée, et, par rapport à la vie « intime », une importance peut-être même superficielle. Pour suivre Montaigne dans la présentation de cette idée et voir comment il l'intègre dans la critique de ses contemporains, reportons-nous à l'essai « De mesnager sa volonté ». Notre intention n'est pas de l'examiner en entier mais de relever les passages qui nous montreront la logique de son raisonnement.

Disons d'abord que si Montaigne ne croyait pas que l'homme fût capable d'agir librement, que sa condition dépendît, en partie, de lui-même, critiquer et démasquer ses contemporains nous paraîtrait absurde. Nous avons dit, au commencement de ce chapitre, qu'il fait le procès de son siècle, non pas pour détruire mais pour guérir. La conception du jeu est à cet égard un acte d'accusation aussi bien qu'une apologie du bon sens. C'est ainsi, qu'en se faisant pour ainsi dire un champion du bon sens qui achemine l'homme vers ce qui est la voix « juste », il exalte l'acte libre et la responsabilité de l'individu.

Il soutient qu'il convient de juger avant d'agir, que l'acte humain devrait être une affaire de conscience, et non de servitude aveugle. Montaigne nous fait voir dès le début de l'essai ce double aspect de sa critique :

> Ceux qui sçavent combien ils se doivent et de combien

---

(1) Voir *infra*, p. 66.
(2) DIDEROT, dans *Le Neveu de Rameau*, développera ce thème. Il y fait une allusion directe à Montaigne dans un passage que voici : « Et vous voilà, aussi, pour me servir de votre expression, ou de celle de Montaigne « perché sur l'épicycle de Mercure », et considérant les différentes pantomines de l'espèce humaine ». DIDEROT, *Le Neveu de Rameau*, Paris, Garnier-Flammarion 1967, p. 178.
(3) N'est-ce pas intéressant de retrouver cette optique dans le théâtre de Jean Genet ?
(4) Voir à ce sujet le commandement du Dieu à Delphes (*Supra*, p. 44). Nous voyons que les arguments que Montaigne développe s'apparentent à ce commandement-là. Dans la bouche de ce Dieu, l'homme est « le badin de la farce », nous verrons qu'il l'est aussi dans la bouche de la Nature (*infra*, p. 113 et dans celle de Montaigne.

d'offices ils sont obligez à eux, trouvent que nature leur a donné cette commission plaine assez et nullement oysifve. Tu a bien largement affaire chez toy, ne t'esloigne pas (III : 10, 981).

Dans le message qui suit il est question de ceux qui s'éloignent d'eux-mêmes, ce sont des étrangers par rapport à leur propre vie :

Les hommes se donnent à louage. Les facultez ne sont pas pour eux, elles sont pour ceux à qui ils s'asservissent ; leurs locataires sont chez eux, ce ne sont pas eux.

La réprobation de ceux qui s'asservissent est exprimée encore plus nettement :

Cette humeur commune ne me plaict pas : il faut mesnager la liberté de nostre ame et ne l'hypothequer qu'aux occasions justes ; lesquelles sont en bien petit nombre, si nous jugeons sainement.

Nous voyons ainsi qu'à l'opposé de la voie de la servitude se trouve celle de la liberté et de la justice. Pour déterminer ce qui est juste il faut prendre conscience du rapport qui existe entre la réalité objective, qui relève de la nature générale de l'homme, et la réalité subjective, celle qui varie avec l'individu. Nous allons observer comment à partir de ces deux réalités, Montaigne fonde le critère de ce qui lui semble communément juste. « Qui ne vit aucunement à autruy, ne vit guere à soy » (*Ibid*, 984). Ce qui veut dire que celui qui exclut de sa vie tout ce qui concerne autrui ne vit pas véritablement; celui qui veut vivre pour soi doit vivre aussi en partie, pour autrui. Pour souligner l'importance de cette idée, Montaigne dit encore que celui qui

sçait les devoirs et les exerce, il est vrayement du cabinet des muses ; il a attaint le sommet de la sagesse humaine et de nostre bon heur. Cettuy-cy, sçachant exactement ce qu'il se doibt. trouve dans son rolle qu'il doibt appliquer à soy l'usage des autres hommes et du monde, et pour ce faire, contribuer à la société publique les devoirs et offices qui le touchent (*Ibid.*, 984).

Cette idée se trouve reprise dans un autre passage :

… qui oublieroit de bien saintement vivre, et penseroit estre quite de son devoir en y acheminant et dressant les autres, ce seroit un sot ; tout de mesme, qui abandonne en son propre

le sainement et gayement vivre pour en servir autruy, prent à
mon gré un mauvais et desnaturé parti (*Ibid.*) (1).

Montaigne veut dire qu'agir pour autrui au détriment de son
propre bien-être est absurde. Il semble vouloir viser ceux d'entre
ses contemporains qui prêchent des causes qui se laissent difficilement défendre :

> La plus part des reigles et preceptes du monde prennent ce
> train de nous pousser hors de nous et chasser en la place, à
> l'usage de la société publique. Ils ont pensé faire un bel effect
> de nous destourner et distraire de nous, presupposans que nous
> n'y tinsions que trop et d'une attache trop naturelle ; et n'ont
> espargné rien à dire pour cette fin. Car il n'est pas nouveau aux
> sages de prescher les choses comme elles *servent,* non comme
> elles *sont (Ibid.,* 983) (2).

Pourtant nous voyons que Montaigne ne cherche point à préco-
niser l'indifférence envers autrui :

> Je ne veux pas qu'on refuse aux charges qu'on prend l'atten-
> tion, les pas, les parolles, et la sueur et le sang au besoing...
> Mais c'est par emprunt et accidentalement (*Ibid.,* 984).

Or, il ne s'agit guère de négliger son devoir envers autrui. Bien
au contraire, les mots « attention », « pas », « parolles »,
« sueur », « sang », montrent quelle importance Montaigne attache
à l'engagement public. Mais en dépit de ce fait, il ne laisse de répéter que dans ce devoir envers le prochain il convient de se prêter
et non de se donner. L'engagement, pour être efficace, c'est-à-dire
pour servir le bien public, doit exister « à froid » sans passion ;
il doit être toujours renouvelé, c'est-à-dire demandé par un événement, non pas motivé par l'habitude. Les mots « emprunt » et
« accidentelement » mettent cette idée en relief. Mais il faut voir
que cet « emprunt » n'aura pas de valeur s'il n'est pas choisi cons-

---

(1) De tels propos ont été l'objet de nombreuses attaques. Ils lui ont valu
l'accusation d'hédonisme, d'égoïsme, de « naturalisme » et d'irreligion. C'est
qu'en les tirant de leur contexte on pouvait leur attribuer la signification
qui correspondait le mieux au préjugé de celui qui l'interprétait. Villey
observe que c'était une pratique connue à l'époque. (Voir *supra,* p. 26.)
Charron s'est inspiré de ce passage et des suivants, mais ces paroles ne l'ont
pas mené aux conclusions que propose Montaigne. Charron prêche l'abnéga-
tion totale de l'être et le sacrifice de sa vie pour le bien de l'Etat. A vrai
dire, du « vulgaire » seulement, mais ce dernier fait partie de la majorité.
(2) Cette formule s'applique parfaitement à Charron. Or, si ce « sage »
en était conscient, n'était-il donc préférable, plus honnête même, de ne pas
avoir cité parmi les auteurs qui l'ont inspiré, Montaigne ? Pierre Charron.
a-t-il pensé lui-même, être disciple de Montaigne ? Nous nous référons sur
ce point à la réflexion de Villey. Voir notre article, « Montaigne et la légende
du Maître-Disciple », (*B.S.A.M.,* Paris, N° 24, janvier-mars, 1971, p. 16).

ciemment. L'esprit doit se tenir en « repos » et « en santé » dit-il, « non pas sans action, mais sans vexation, sans passion » (*Ibid.* : 984). Montaigne parle ici de la disponibilité et de l'engagement conscient que nécessite un acte libre. Cette idée est exprimée dans un autre passage :

> Nous ne conduisons jamais bien la chose de laquelle nous sommes possedez et conduicts : 'male cuncta ninistrat Impetus' (1). Celuy qui n'y employe que son jugement et son adresse, il y procede plus gayement : il feinct, il ploye, il differe tout à son aise, selon le besoing des occasions, il faut d'atainte, sans tourment et sans affliction, prest et entier pour une nouvelle entreprise ; il marche tousjours la bride à la main (*Ibid.*, 985).

Mais Montaigne prévoit ici des difficultés. Il souligne la nature imparfaite de l'esprit qui est capable de jugement exagéré, parfois au détriment de soi-même :

> Mais il luy faut donner [à l'esprit] le branle avec discretion; car le corps reçoit es charges qu'on luy met sus, justement selon qu'elles sont ; l'esprit les estant et les appesantit souvent à ses despens, leur donnant la mesure que bon luy semble. On faict pareilles choses avec divers efforts et differente contention de volonté (*Ibid.*, 984).

Or, notre jugement et par conséquent, nos actions, ne dépendent pas uniquement de la réalité objective ; ce ne sont pas nécessairement des événements qui provoquent notre choix et notre engagement, mais l'idée que l'esprit s'en est fait. Ceci dépend de facteurs très divers (2). On le voit à la guerre, par exemple :

> Car combien de gens se hazardent tous les jours aux guerres, dequoy il ne leur chaut, et se pressent aux dangers des batailles, desquelles la perte ne leur troublera pas le voisin sommeil ? (*Ibid.*)

Montaigne insiste sur le fait que celui qui se laisse emporter par les passions, celui qui est enivré de cette intention violente et tyrannique, commet nécessairement imprudence et injustice ; « l'impetuosité de son desir l'emporte ; ce sont mouvemens temeraires... »

---

(1) « La passion est toujours mauvaise guide. » STACE, *Thébaide*, X, 704, cité par Juste LIPSE, *Politiques*, III, vi. (Note I, p. 985.)
(2) Cette idée était abordée par l'auteur dans se premiers essais.

(*Ibid.*, 985), et si le hazard ne s'y mêle pas, ils sont de peu de fruits (*Ibid.*), car non seulement la colère trouble, mais ce feu étourdit et consomme la force.

Nous voyons que l'esprit est capable de détourner l'homme de ce qui est « juste », que les actions dépendent de ce que l'esprit invente et codifie. Mais il y a une autre force qui nous fait agir d'une façon plutôt que d'une autre : la coutume. Elle s'enracine si profondément dans la vie de l'individu et de la société, qu'elle forme une « seconde nature ». Puisque pour conserver le bien-être il convient de suivre la nature, il devient de ce fait nécessaire de suivre les coutumes du pays :

> ...dispensons nous de quelque chose plus outre : appelons encore nature l'usage et condition de chacun de nous ; ... l'accoutumance est une seconde nature, et non moins puissante (*Ibid.*, 987).

A quoi mène ce développement ? Il signifie que vouloir changer et ébranler la coutume ou la religion d'un pays est aussi vain que vouloir changer la nature même de l'homme :

> Ce qui manque à ma coustume, je tiens qu'il me manque. Et aymerois aussi esgalement qu'on m'ostat la vie, que si on me l'essimoit et retranchoit bien loing de l'estat auquel je l'ay vescue si long temps. Je ne suis plus en termes d'un grand changement, et de me jetter à un nouveau trein et inusité. Non pas mesme vers l'augmentation. Il n'est plus temps de devenir autre (*Ibid.*).

C'est pourquoi Montaigne recommande que :

> La carriere de nos desirs doit estre circonscripte et restraincte à un court limite des commoditez les plus proches et contigües ; et doit en outre leur course se manier, non en ligne droite qui face bout ailleurs, mais en rond, duquel les deux pointes se tiennent et terminent en nous par un brief contour (1). Les actions qui se conduisent sans cette réflexion, s'entend voisine reflexion et essentielle, comme sont celles des avaritieux, des ambitieux et tant d'autres qui courent de pointe, desquels la course les emporte tousjours devant eux, ce sont actions erronées et maladives (*Ibid.*, 988-989).

Ce dont parle ici Montaigne a déjà été abordé dans ses premiers chapitres. La vanité d'aller au-delà de ses limites est le sujet du troisième essai du Livre I « Nos affections s'emportent au delà

_____

(1) Pascal se souviendra de cet argument et en fera la base de sa pensée.

de nous », où Montaigne commente le précepte de Platon (1) :
« Fay ton faict et te cognoy », et précise que cette formule « enve-
loppe generallement tout nostre devoir, et semblablement enve-
loppe son compagnon » (I : 3, 18), c'est-à-dire l'autrui. Celui qui
fait son « faict », explique-t-il, verra que sa première leçon c'est
de connaître ce qu'il est et ce qui lui est propre. Et qui se connaît
ne prend plus « l'estranger faict pour le sien ; s'ayme et se cul-
tive avant tout autre chose ; refuse les occupations superflues et
les pensées et propositions inutiles » (Ibid.). Mais tandis que dans
le premier livre cette idée était seulement annoncée dans le contexte de l'essai que nous analysons elle est développée amplement
et nous saisissons sa signification par rapport au thème du masque,
du jeu et de la critique de ses contemporains. Nous l'avons vu
tantôt insister sur le côté bienfaisant de l'esprit, tantôt juger avec
méfiance cette capacité qu'a l'esprit de déformer la réalité. Il se
crée de ce fait un décalage entre la réalité objective et la réalité
subjective. Dans « De la force de l'imagination », dans « De l'oisiveté », et dans « Des prognostications », pour ne mentionner que
ces trois essais du Livre I, Montaigne montre que l'imagination
enfante les pensées les plus chimériques qui donnent à leur tour
naissance aux actions les plus déréglées. En outre, l'imagination ne
se contente pas du monde qu'elle forge pour soi-même, elle exerce,
par son pouvoir suggestif, une influence néfaste sur l'esprit d'autrui,
surtout sur les esprits faibles :

> Il est vray semblable que le principal credit des miracles,
> des visions, des enchantemens et de tels effects extraordinaires,
> vienne de la puissance de l'imagination agissant principalement
> contre les ames du vulgaire, plus molles. On leur a si fort saisi
> la céeance, qu'ils pensent voir ce qu'ils ne voyent pas (I :
> 21, 97).

A présent, en se référant aux « débats contestez et opinias-
trez », c'est-à-dire aux discussions passionnées de son temps, il
remarque que les sages distinguent « ainsi subtilement » les désirs
qui viennent de la nature et ceux qui viennent du « desreiglement
de nostre fantaisie ». Ces désirs desquels on voit le bout sont
« siens », c'est-à-dire qu'ils font partie des désirs « naturels ». Ceux
qui « fuient devant nous et desquels nous ne pouvons joindre la
fin sont « nostres », c'est-à-dire produits de notre « faintaisie »
(III : 10, 986). Ce thème est important, car l'intention de Montaigne est de prouver que si la plupart de ses contemporains ne
savent pas choisir dans les disputes des guerres civiles le parti le

---

(1) « Notamment dans le *Timée* (trad. latine de Ficin publiée par Henri
Estienne en 1546 : « agere sua seque ipsum cognoscere »). *Essais,* notes et
variantes, p. 1433, ch. III, note 2. Il s'associe sans doute à la maxime stoï-
cienne : « *age quod agis* ».

plus juste, c'est qu'ils prennent pour une « essence réelle » (1) ce qui n'en est pas une, et de plus, ils se laissent manipuler par ceux dont l'intérêt n'est pas le bien commun :

> J'ay veu de mon temps merveilles en l'indiscrete et prodigieuse facilité des peuples à se laisser mener et manier la creance et l'esperance où il a pleu et servy à leurs chefs, par dessus cent mescontes les uns sur les autres, par dessus les fantosmes et les songes... Leur sens et entendement est entièrement estoufé en leur passion (*Ibid.*, 991).

Une grande partie de la responsabilité de la « maladie » de son pays repose donc sur ceux qui mènent et manient le peuple. Ils étouffent leur entendement. « Leur discretion n'a plus d'autre chois que ce qui leur rit et qui conforte leur cause. » (*Ibid.*)

Arrivé à ce point de sa critique Montaigne nous fait voir que dans ces guerres « domestiques » comme dans toute affaire humaine, il faut savoir distinguer « la peau de la chemise ». Son intention est de placer ses contemporains devant une vérité essentielle : dans toute action humaine il y a une part de « jeu ». Il lui paraît nécessaire de rendre cette vérité de Pétrone « mundus universus exercet histrioniam » (*Ibid.*, 989), le monde entier joue la comédie (2), publique. Ceci signifie qu'il ne faut pas prendre son rôle trop au sérieux ; car du fait que l'homme prend le jeu pour une « essence réelle » naît la confusion, les idéologies les plus monstrueuses qui mènent aux guerres et à la destruction.

> La plus part de nos vacations sont farcesques... Il faut jouer deuement nostre rolle, mais comme rolle d'un personnage emprunté. Du masque et de l'apparence il n'en faut pas faire une essence réelle, ny de l'estranger le propre. Nous ne sçavons pas distinguer la peau de la chemise. C'est assés de s'enfariner le visage, sans s'enfariner la poictrine. J'en vois qui se transforment et se transsubstantient en autant de nouvelles figures et de nouveaux estres qu'ils entreprennent de charges, et qui se prelatent jusques au foye et aux intestins, et entreinent leur office jusques en leur garde-robe. Je ne puis leur apprendre à distinguer les bonnetades qui les regardent de celles qui regardent leur commission, ou leur suite, ou leur mule... Ils enflent et grossissent leur ame et leur discours naturel à la hauteur de leur siege magistral. Le Maire et Montaigne ont tousjours esté deux, d'une separation bien claire. Pour estre advocat ou financier, il n'en faut pas mesconnoistre la fourbe qu'il y a en telles vacations. Un honneste homme n'est pas comptable du vice ou sottise de son mestier, et ne doibt pourtant en

---

(1) C'est une formule employée par Montaigne dans sa conception du jeu traitée plus loin.
(2) Fragment de Pétrone cité par Juste LIPSE dans le *De Constantia*, note I, p. 989. *Essais*, notes et variantes, p. 1659 (dans les *Essais*, p. 989, note I).

refuser l'exercice : c'est l'usage de son pays, et il y a du proffict. Mais le jugement d'un Empereur doit estre au dessus de son empire, et le voir et considerer comme accident estranger ; et luy, doit sçavoir jouyr de soy à part et se communicquer comme Jacques et Pierre, au moins à soy mesme (*Ibid.*, 989).

Comme nous l'avons dit plus haut, si la critique de Montaigne a pris la tournure d'une apologie en faveur du bon sens, c'est que son but est d'abaisser la démesure de ses compatriotes. Quelle meilleure manière que de leur démontrer que « du masque et de l'apparence il n'en faut pas faire une essence réelle » ? Il les force de cette façon à reconnaître que dans leurs entraînements les plus sincères il y a de la fourberie. Montaigne nous a déjà montré que « L'ame descharge des passions sur les objects faux quand les vrais luy defaillent » (1). Ainsi, psychologue en avance sur son temps, il tient à dire à ces hommes qui tuent et qui pillent au nom de Dieu et de la Justice que beaucoup d'entre eux vivent dans le mensonge ; et que même ceux qui sont sincères jouent un rôle. Exposer cette vérité, c'est forcer ces individus à mesurer les choses selon ce qu'elles valent ; c'est les forcer à devenir responsables de la situation qu'ils ont eux-mêmes provoquée ; c'est aussi démasquer la mauvaise conscience de ceux qui se piquent d'embrasser une noble cause. « Distingo », dit-il ailleurs, est « le plus universel membre de ma logique », (II : I, 319).

Enfin, c'est dans la perspective de son dessein de démasquer et de démystifier que nous pouvons le mieux apprécier le projet de Montaigne de se peindre : il se ramène aussi à l'acte de démasquer. Dans la représentation de monde comme un théâtre (2) ce serait l'acte suprême d'un personnage qui, après que la pièce est finie, ôte le masque pour montrer aux spectateurs son vrai visage afin qu'ils puissent distinguer entre le personnage qu'il vient de jouer et l'homme qui reste le même en dépit du jeu (3). Par ce

---

(1) Voir *supra*, p. 53.
(2) C'est le sujet du dernier chapitre de cette étude.
(3) Au moment de faire quelques mises au point à ce manuscrit, une copie du dernier numéro de la *Poétique* nous tombe sous les yeux. Un titre nous attire : « Documents : Sémiologie du théâtre ». Nous y lisons deux articles présentés par M. Todorov qui traitent du même sujet que nous discutons plus haut : de la signification du « jeu » par rapport à la réalité. M. Todorov attribue l'origine du développement « intense et originale » dans le domaine de ce qu'il appelle « la sémiologie du théâtre », aux Formalistes russes et à Husserl. Il lui semble donc normal que ce soient les Polonais et les Tchèques qui aient subi leur influence. Il note : « Ce n'est pas par hasard qu'on y trouve les premières (et pour l'instant, les seules ?) tentatives pour concevoir une sémiologie du théâtre. » (« y » se réfère à la Pologne et à la Tchécoslovaquie.) (Voir Tzvetan Todorov, « Sémiologie du théâtre », p. 515, *Poétique*, N° 8, 1971.) Nous relevons des préoccupations analogues dans les *Essais*. M. Petr Bogatyrev dans l'article « Les signes du théâtre », écrit : « Cette double perception de l'acteur par le spectateur est d'une grande portée. C'est grâce à elle, tout d'abord, que tous les signes exprimés par l'auteur s'animent.

geste il peut leur montrer, qu'en somme, il leur ressemble, car comme eux il a aussi une partie en lui qui constitue le moi permanent et essentiel, « l'arrière boutique » comme il le dit, et une autre qui regarde les affaires du monde, celui qui joue, Montaigne et le Maire.

Cet acte sert aussi à montrer que les faiblesses du Maire de Bordeaux sont moins condamnables que celles des autres « personnages » du drame. C'est ainsi qu'on peut comprendre pourquoi après avoir montré que la plupart des actions sont « farcesques », il propose que l'on juge les siennes :

> En somme, les occasions, en cette charge [il parle de ses charges publiques] ont suivy ma complexion ; dequoy je leur sçay très bon gré. Est-il quelqu'un qui desire estre malade pour voir son medecin en besogne, et faudroit-il pas foyter le medecin qui nous desireroit la peste pour mettre son art en practique ? (*Ibid.*, 1001-1002).

« Je n'ay point eu cett'humeur inique et assez commune », dit-il, « de désirer que le trouble et maladie des affaires de cette cité rehaussast et honnorat mon gouvernement : j'ay presté de bon cœur l'espaule à leur aysance et facilité (*Ibid.*, 1002). Montaigne utilise dans ce contexte le verbe « prêter » et non pas « donner » : il entend observer sa modération habituelle dans l'exercice de ses charges publiques. Il espère, en se prenant lui-même pour exemple, montrer que sa façon a porté de bons fruits, et que ses paroles ne sont pas inutiles.

Finalement cette condition humaine telle que la perçoit Montaigne peut déplaire. Il n'en est pas moins vrai qu'il « faut vivre du monde et s'en prevaloir tel qu'on le trouve », et qu'un « honneste homme n'est pas comptable du vice et sottise de son mestier » (*Ibid.*, 989.) Or, Montaigne est soucieux d'indiquer, dans ce contexte, que jouer ne veut pas dire tromper autrui. Celui qui joue son rôle « deuement » c'est-à-dire celui qui ne prend pas ce jeu pour plus qu'il vaut, ne triche pas. Les mots dans le passage que

---

Ensuite, cette double perception du rôle souligne que l'acteur en train de jouer *ne s'identifie en aucun cas* au personnage de la pièce, que nous ne pouvons pas tracer un signe d'égalité entre l'acteur et le personnage qu'il représente, que le costume, le masque, le geste de l'acteur ne sont que les signes du signe de la personne qu'il incarne. Cette dualité fut manifestement accentuée par tous les types de théâtre non réaliste ; elle fut manifestement un obstacle à la réalisation d'un naturalisme total dans le théâtre naturaliste. Tout à fait normale était cette exigence d'un metteur en scène du théâtre naturaliste : l'acteur devrait se montrer le moins possible en public, car sinon, beaucoup de gens perdent l'illusion de la réalité en le voyant dans le rôle du roi Lear ou de Hamlet ; ils ne peuvent plus imaginer qu'ils se trouvent devant le roi Lear, le vrai Hamlet, et non devant l'acteur qui ne fait que jouer leur rôle. » (Voir l'article « Les signes du théâtre », de M. Petr BOGATYREV, dans le numéro 8 de la *Poétique*, pp. 529-30.) Voir aussi notre note (2) à la page 109 de cette étude et le chapitre 8, « Le monde et le théâtre : réalité et forme ».

nous avons cité (1), tels que « s'enfariner le visage, sans s'enfariner la poictrine », « se communiquer comme Jacques et Pierre »,
imposent la distinction entre celui qui joue sans hypocrisie, et
celui qui fait de ce jeu une « essence réelle ». « Le Maire et Montaigne ont toujours esté deux, d'une separation bien claire » (2),
met en relief cette distinction. En ceci consiste l'originalité de cette
présentation : le jeu de Montaigne devient de ce fait un acte
exemplaire.

---

(1) Voir *supra,* pp. 66-67.
(2) *Ibid.*

Chapitre VI

LANGAGE ET PENSEE

> Il y a le nom et la chose ; le nom, c'est une voix qui
> *remarque* et *signifie la chose* ; le nom, ce n'est pas une
> partie de la chose ny de la substance, c'est une pièce
> estrangere joincte à la chose, et hors d'elle.
>
> Montaigne, « De la gloire », (II : 16, 601).

Pour porter à l'attention de ses contemporains que prendre les
armes pour défendre une idée, pour changer la « police » ou les
rites de la religion d'un pays, est absurde, Montaigne montrait que
la plupart de nos « vacations sont farcesques » ; il relevait la part
que le profit personnel joue dans les affaires publiques. En considérant le langage comme un instrument de communication, il
mettait en lumière son grand pouvoir, mais en démasquant les
« menteurs », en montrant que ces derniers ne présentent pas les
choses comme elles sont, mais comme ils veulent les faire paraître,
il avilissait la valeur du langage. Aussi a-t-il cherché à le rendre
moins efficace dans le maniement des esprits. C'est de cette façon
qu'il convient d'envisager sa critique du langage.

Diomedes remplit « six milles livres du seul subject de la grammaire ». « Que doit produire le babil », se demanda Montaigne,
« puisque le begaiement de desnouement de la langue estouffa le
monde d'une si horrible charge de volume ? » (III : 9, 923). Pythagore prescrivait à ses disciples un silence de deux ans (*Ibid.*). Certaines nations des nouvelles Indes offrent à leurs Dieux du sang
humain, mais « non autre que tiré de leur langue et oreilles, pour
expiation du péché de la mensonge, tant ouye que prononcée » (II :
18, 650). Et ce « bon compagnons » de Grèce, Lysandre disait « que
les enfants s'amusent par osselets, les hommes par les parolles »

(II : 18, 650). Vers la fin de l'essai « Du dementir », Montaigne signale qu'il reviendra à la question des divers usages de « nos démentirs, et les loix de nostre honneur en cela, et les changements qu'elles ont receu » et d'apprendre « en quel temps print commencement cette coustume de si exactement poiser et mesurer les parolles, et d'y attacher nostre honneur », (*Ibid.*) car il est aisé de juger, « qu'elle n'estoit pas anciennement entre les Romains et les Grecs »,

> Et m'a semblé souvent nouveau et estrange de les voir se démentir et s'injurier, sans entrer pourtant en querelle. Les loix de leur devoir prenoient quelque autre voye que les nostres. On appelle Caesar tantost voleur, tantost yvrogne, à sa barbe. Nous voyons la liberté des invectives qu'ils font les uns contre les autres, je dy les plus grands chefs de guerre de l'une et de l'autre nation, où les parolles se revenchent seulement par les parolles et ne se tirent à autre consequence (*Ibid.*).

Contrairement aux Anciens, il y a des humanistes qui attribuent au langage un prestige démesuré. Ceux qui s'inspirent de Cicéron, par exemple, soutiennent que « le meilleur langage garantit l'ordre le plus pur de l'intelligence » (1). Cela veut dire que l'homme au « parleur le plus beau » est celui qui a réalisé la perfection de la nature humaine. D'après cette conception c'est la langue qui élève l'homme « au-dessus de l'animal — elle est ' la lumière des choses ' (Cicéron), sans laquelle régneraient la barbarie et le chaos » (2). Perfection de la nature et perfection de la langue étant synonymes, il s'ensuit que la forme linquistique qui a atteint l'expression la plus parfaite, devrait servir de modèle.

---

(1) Hugo FRIEDRICH, *Montaigne*, p. 94-95. Notre intention n'est pas de faire ici une analyse de l'humanisme littéraire. Nous voulons simplement mettre en lumière les conceptions linguistiques de Montaigne en les juxtaposant avec la conception inspirée de Cicéron. Nous nous référons pour la définition de cette dernière à l'œuvre de M. Hugo Friedrich.

(2) Hugo FRIEDRICH, Montaigne, p. 95. M. Friedrich observe que Montaigne se trouve parmi ces humanistes qui ont réagi contre cette tendance. « Montaigne a pris position on ne peut plus loin de l'humanisme rhétorique » (p. 98). « Les caractéristiques de cette position sont : la confiance dans l'expérience personnelle dans la vie et la méfiance à l'endroit du savoir purement livresque, — la conviction que les autorités antiques ne sont aussi que des hommes faillibles, — une connaissance du réel cherchant à pénétrer ce qui n'a encore été ni découvert ni dit, — et un éloignement résolu de l'imitation littéraire. » (*Ibid.*, p. 96). Saussure, qui reconnaît la nature hétéroclite du langage (voir *supra*, p. 50, note 2), et qui par ce fait, se rapproche de Montaigne, s'inscrit ici à l'opposé de Montaigne dans la lignée des humanistes cicéroniens : il n'accorde aucune valeur à la pensée humaine sans le langage : « Psychologiquement, abstraction faite de son expression par les mots, notre pensée n'est qu'une masse amorphe et indistincte. Philosophes et linguistes se sont toujours accordés à reconnaître que, sans le secours des signes, nous serions incapables de distinguer deux idées d'une façon claire et constante. Prise en elle-même, la pensée est comme une nébuleuse où rien n'est nécessairement délimité. Il n'y a pas d'idées préétables, et rien n'est distinct avant l'apparition de la langue. » SAUSSURE, *Cours* de..., p. 155. Nous verrons plus loin (pp. 92-94) que Montaigne raille cette conception

Montaigne dénonce cette conception qui érige en absolus à la fois le produit de la culture qu'est la langue, et le savoir contenu dans la littérature traditionnelle au détriment de l'observation de la réalité, ou d'un éventuel progrès de la connaissance. Dans un passage de « L'institution des enfants », il expose sa critique :

> Qui demanda jamais à son disciple ce qu'il luy semble de la rethorique (sic) et de la Grammaire, de telle ou telle sentence de Cicéron ? On nous les placque en la memoire toutes empennées, comme des oracles où les lettres et les syllabes sont de la substance de la chose... Ce qu'on sçait droittement, on en dispose, sans regarder au patron, sans tourner les yeux vers son livre. Facheuse suffisance, qu'une suffisance pure livresque ! je m'attens qu'elle serve d'ornement, non de fondement, suivant l'advis de Platon, qui dict la fermeté, la foy, la sincerité estre la vraye philosophie, les autres sciences et qui visent ailleurs, n'estre que fard (I : 26, 151).

La question « qui demanda jamais à son disciples... » indique que la servitude de l'enseignement humaniste a pris des proporsi démesurées que la question de sa validité ne se pose même pas (1). Dans la phrase suivante Montaigne précise sa critique : au lieu de nous faire voir la distinction entre « la substance de la chose » et « les lettres et les syllabes » (le langage) « on nous les placque en la memoire toutes empenées, comme des oracles... » « Les » se rapporte dans ce contexte non seulement aux « lettres » et « syllabes » mais aussi à la « Rhétorique » la « Grammaire » et aux « sentences de Cicéron ».

Montaigne ne croit pas à la concordance idéale de la chose et du mot : « Nostre parler a ses foiblesses et des defauts, comme tout le reste » (II : 12, 508) ; il signale sa position par opposition aux idées traditionnelles de ses contemporains sur le problème du langage par des allusions innombrables.

Considérons d'abord la conception linguistique inspirée de Cicéron : le meilleur langage garantit l'ordre le plus pur de l'intelligence ; Montaigne riposte avec fermeté. Il montre d'abord que les animaux, eux aussi, sont pourvus d'un instrument qui leur assure « une pleine et entière communication » (II : 12, 430). Ils « s'entr'entendent, non seulement celles de mesme espece, mais aussi d'especes diverses... En certain abbayer [sic] du chien le cheval cognoist qu'il y a de la colere ; de certaine autre sienne voix il ne s'effraye point... ' Non alia longe ratione atque ipsa videtur. Protrabere ad gestum pueros infantia linguæ ' » (*Ibid.*, 430-431) (2).

---

(1) Cette critique constitue une bonne partie de l'essai « De l'Institution des enfants », et de « l'Apologie de Raimond Sebond ».
(2) « Ce n'est pas autrement que l'on voit les enfants suppléer par le geste à leur voix impuissante. » Lucrèce V, 1209-1030, trad. par Maurice RAT, *Essais*, notes et variantes, p. 1546 (dans les *Essais*, p. 431, note 2).

Tout aussi bien que les muets discutent, argumentent et contestent des histoires par signes, il a vu des animaux « si souples et formez à cela, qu'à la verité il ne leur manquoit rien à la perfection de se sçavoir faire entendre » (*Ibid.*, 431).

Ces paroles sont particulièrement significatives quand on les oppose à la conception humaniste cicéronienne, selon laquelle la pensée sans formulation linguistique, reste une masse confuse et chaotique. Alors que pour Cicéron la langue élève l'homme au-dessus de l'animal, et perfection de la nature et de la langue sont synonymes, pour Montaigne, la pensée peut s'exercer en dehors de la langue. On peut rapprocher cette conception des théories de certains linguistes modernes dont les idées gravitent précisément autour de ces deux conceptions : la traditionnelle, inspirée de Cicéron (nous y trouvons Saussure) (1), et celle qui s'y oppose et qui se rapproche de Montaigne.

Prenons d'abord le problème de la pensée des animaux, sur lequel Montaigne a déjà exprimé son avis. Un linguiste moderne écrit à ce sujet :

> Enfin quand nous voyons les animaux résoudre les problèmes compliqués sous l'œil des psychologues et ainsi révéler leur intelligence, on est bien forcé d'admettre que la pensée peut s'excercer en dehors de toute parole.

Cette même idée de distinction entre la pensée et le langage est souvent exprimée par Montaigne dans d'autres endroits des *Essais*.

> Mais que nostre disciple soit bien pourveu de choses, les parolles ne suivront que trop..., »

dit-il dans « De L'Institution des enfants », (I : 26, 168), indiquant que le langage sert la pensée. « C'est aux parolles à servir et à suyvre ». dit-il plus loin (p. 171). Dans un autre contexte nous lisons que « l'orgueil gist en la pensée, la langue n'y peut avoir qu'une bien legere part » (II : 6, 360), pour dire que ceux qui défendent de parler de soi, défendent « par consequent encore plus de penser à soy ». Montaigne souligne ici que c'est la pensée qui est « coupable » d'orgueil non pas le langage. Ceci montre encore que la pensée s'exerce en dehors de la parole.

Voici un autre passage où M. Buyssens critique la conception opposée à celle-ci, celle de Saussure et celle de Humboldt :

> Il y a eu... de tout temps des penseurs qui ont affirmé l'iden-

---

(1) Voir *infra*, p. 74.
(2) Eric BUYSSENS, *Vérité et langue, langue et pensée*, Université libre de Bruxelles, Institut de sociologie Solvay, 1960, p. 24.

tité ou la conformité de la pensée et de la parole. Le mot *Logos* (1) désignait les deux. Au début du XIXe siècle lorsque l'étude des langues est devenue une sciences, W. von Humboldt à proclamé avec éloquence l'identité de la langue et de la mentalité nationale ; et dans les pays de langue allemande, cette opinion compte encore des adeptes... F. de Saussure s'inscrit dans la même tradition : « Psychologiquement, abstraction faite de son expression par les mots, notre pensée n'est qu'une masse amorphe et distincte. Philosophes et linguistes se sont toujours accordés à reconnaître que, sans le secours des signes, nous serions incapables de distinguer deux idées de façon claire et constante. Prise en elle-même, la pensée est comme une nébuleuse où rien n'est nécessairement délimité. Il n'y a pas d'idées préalables rien n'est distinct avant l'apparition de la langue » (2).

M. Buyssens cite ici le passage du texte de Saussure que nous avons signalé à la page 71, note 1 de cette étude pour mettre en relief la *similarité* des conceptions entre Saussure et Cicéron, ainsi que pour souligner *l'opposition* entre ces deux auteurs et Montaigne. (N'oublions pourtant pas que nous relevons, par ailleurs, p. 50, note 2, des *similarités entre Montaigne et Saussure*). Nous constatons que M. Buyssens prend ici, sans le savoir sans doute, le parti de Montaigne.

Ainsi, comparé aux érudits du XIXe siècle, Montaigne, linguiste avant la lettre, se révèle plus proche des conceptions moderne (3). Pour insister sur le fait que la pensée existe indépendamment de la parole, il déclare qu'il y a même un langage des yeux, des gestes, capable d'exprimer la pensée à « l'envy de la langue » (II : 12, 431). Voici un passage où il s'élève à une virtuosité verbale quasi rabelaisienne. Après avoir parlé du langage des yeux il s'exclame :

> Quoi des mains ? nous requerons, nous promettons, appelons, congedions menaçons, prions, supplions, nions, refusons, interrogeons, admirons, nombrons, confessons, repentons, craignons, vergoignons, doubtons, instruisons, commandons, incitons, encourageons, jurons, temoignons, accusons, condamnons, absolvons, injurions, mesprisons, deffions, despitons, flattons, applaudissons, benissons, humilions, moquons, reconcilions, recommandons, exaltons, festoyons, resjouissons, complaignons, attristons, desconfortons, desesperons, estonnons, escrions, taisons ; et quoi non ? d'une variation et multiplication à l'envy de la langue (*Ibid.*).

(1) Italiques de l'auteur.
(2) Cité du *Cours de linguistique*, p. 161, par Buyssens, p. 25
(3) Il nous semble pertinent de mentionner ici que M. Noam Chomsky cherche à établir des rapprochements entre les théories linguistiques de Descartes, de Humboldt, et de certains linguistes modernes. Il admet ne pouvoir bâtir sur les idées de ces philosophes que des hypothèses qui pourraient être facilement réfutées. Nous nous permettons de remarquer que les notions linguistiques que nous observons chez Montaigne garantissent justement ce rapprochement qu'il cherche entre le passé et le présent (cf. Noam CHOMSKY, *Cartesian Linguistics*, New-York, Harper and Row, 1966, pp. 2-3). Voir aussi *infra*, pp. 76-77, de cette étude.

Afin de dénoncer le dogmatisme de l'humanisme littéraire, qui fait un absolu du savoir contenu dans la littérature traditionnelle au détriment de l'observation de la réalité, Montaigne insiste sur la futilité du savoir livresque et se moque de la servilité intellectuelle :

> ...les opinions des hommes sont receues à la suitte des creances anciennes, par l'autorité et à crédit, comme si s'estoit religion et loy... On reçoit cette vérité avec tout son bastiment et attelage d'argumens, et de preuves, comme un corps ferme et solide qu'on n'esbranle plus, qu'on ne juge plus (II : 12, 520).

Quant au concept de l'imitation des Anciens, Montaigne le critique également :

> La vérité et la raison sont communes à un chacun, et ne sont non plus à qui les a dites premierement, qu'un qui les dict après. Ce n'est non plus selon Platon que selon moy, puisque luy et moi l'entendons et voyons de mesme (I : 26, 150).

Ces paroles visent particulièrement ceux qui croient que toute la connaissance passe par les mots, que tout ce que l'on peut connaître a été déjà dit. Pour renforcer sa critique de l'humanisme littéraire voici l'éloge qu'il fait des poètes contemporains de langue française. Il ne les trouve point inférieurs aux anciens :

> Quant aux François, je pense qu'ils l'ont montée (la poésie) au plus haut degré où elle sera jamais ; et aux parties en quoy Ronsart et Du Bellay excellent, je ne les treuves guieres esloignez de la perfection ancienne (II : 7, 645).

Constatant le manque total d'esprit critique de ses contemporains, il observe qu'au lieu de juger,

> ...au contraire, chacun, à qui mieux mieux, va plastrant et confortant cette créance receue, de tout ce que peut sa raison, qui est un util (sic) souple, contournable et accommodable à toute figure Ainsi se remplit le monde et se confit en fadesse et en mensonge (II : 12, 520-521).

Montaigne s'attaque aux idées reçues, et en particulier à toute pensée qui ne s'appuie pas sur l'observation et ne tient pas compte de la nature de l'homme. Ceci explique ce genre de réflexions :

> A quoy faire ces pointes eslevées de la philosophie sur lesquelles aucun estre humain ne se peut rasseoir, et ces regles qui excedent nostre usage et nostre force ? Je voy souvent qu'on nous propose des images de vie, lesquelles ny le proposant, ny les auditeurs n'ont aucune esperance de suyvre ny, qui plus est, envie (III : 9, 967).

Il dit par ailleurs, en visant toujours ceux qui n'appuient pas leurs idées sur l'observation :

> Ces gens qui se perchent à chevauchons sur l'ipicycle de Mercure, qui voient si avant dans le ciel, ils m'arrachent les dens... (II : 17, 617).

Si Montaigne dénonce ces « pointes eslevées » de la philosophie, c'est pour ouvrir des perspectives nouvelles sur le savoir, car comment croire aux grandes idées avancées par ces gens-là, s'ils ne connaissent pas les éléments qui leur sont plus accessibles :

> ...en l'estude que je fay, duquel le subject c'est l'homme, trouvant une si extreme variété de jugemens, un si profond labyrinthe de difficultez les unes sur les autres, tant de diversité et incertitude en l'eschole mesme de la sapience, vous pouvez penser, puisque ces gens là n'ont peu se resoudre de la connoissance d'eux mesmes et de leur propre condition, qui est continuellement presente à leurs yeux, qui est dans eux ; puis qu'ils ne sçavent comment branle ce qu'eux mesmes font branler, ny comment nous peindre et deschiffrer les ressorts qu'ils tiennent et manient eux mesmes, comment je le croirois de la cause du flux et reflux de la rivière du Nile (II : 17, 617-618).

Montaigne cherche à persuader que les autorités sont aussi faillibles que le reste de l'humanité, faisant sous-entendre que tout est relatif.

> Quoy qu'on nous presche, quoy que nous aprenons, il faudroit tousjours se souvenir que c'est l'homme qui donne et l'homme qui reçoit ; c'est une mortelle main qui nous le presente. (II : 13, 546).

Il revient souvent sur ce sujet. Voici un autre passage où il déclare que :

> C'est tousjours à l'homme que nous avons affaire, duquel la condition est merveilleusement corporelle (III : 8, 909).

Enfin, il convient d'insister ici sur l'originalité de la position de Montaigne par rapport à ses contemporains d'une part (1), et par rapport aux linguistes modernes, d'autre part. En ce qui est de ces derniers, il faut reconnaître qu'en insistant que le langage et la pensée sont deux facultés distinctes, que le langage sert la pensée (2), il se rapproche de conceptions débattues de nos jours,

(1) Voir supra, p. 46.
(2) Noam CHOMSKY, La Linguistique cartésienne, Paris, Seuil, pp. 17-18.

et, que c'est lui qui peut être considéré précurseur des théories linguistiques modernes, non pas Descartes. M. Chomsky qui signale cette parenté n'est pas sûr de la validité de ce rapprochement : « On peut... discuter, et pour plus d'une raison, le bien-fondé de l'expression 'linguistique cartésienne' appliquée au développement de la théorie linguistique qui vons nous occuper. En premier lieu, ces développements ont leurs racines dans les travaux linguistiques encore plus anciens ; ensuite, plusieurs de ceux qui y ont activement contribué se seraient sûrement considérés comme des adversaires de la doctrine cartésienne ; enfin Descartes lui-même n'accorda que peu d'attention au problème du langage, et les quelques réflexions qu'il y consacra sont sujettes à diverses interprétations. Chacune de ces objections a un certain poids... Eu tout état de cause, que l'expression soit bien-fondé ou non n'est pas d'un grand intérêt. Le problème important est de déterminer la nature exacte de ce 'capital d'idées' accumulé pendant la période prémoderne, d'évaluer la portée actuelle de cette contribution, et de trouver les moyens de l'exploiter pour faire progresser l'étude du langage. » (1) Inspirée par ces propos nous avons cru utile d'envoyer à M. Chomsky quelques passages de cette étude en lui demandant pourquoi a-t-il omis Montaigne dans ses recherches. M. Chomsky nous a répondu qu'il ne savait point que la pensée de Montaigne se rapportait aux issues qu'il explorait.

Or, nous croyons doublement utile d'insister sur ce rapprochement. Nous sommes d'accord avec M. Chomsky : il faut remonter aux théories linguistiques des siècles passés car

> la linguistique moderne s'est délibérément dissociée de la théorie linguistique traditionnelle ; elle a tenté de construire une théorie du langage d'une façon entièrement nouvelle et indépendante. Les linguistiques professionnels se sont en général peu intéressés aux contributions apportées à la théorie linguistique par la tradition européenne antérieure ; ils se sont occupés de sujets forts différents, à l'intérieur d'un cadre intellectuel impropre à les rendre sensibles aux problèmes qui avaient suscités les études linguistiques plus anciennes, et mené aux résultats atteints jusqu'alors, aujourd'hui encore, on méconnait largement ces contributions du passé ou on les considère avec un mépris non dissimulé. Les quelques études modernes sur l'histoire de la linguistique tiennent typiquement que tout ce qui est antérieur au XIXᵉ siècle n'étant pas encore de la linguistique, peut être expédié en quelques lignes (2).

Vers une nouvelle « techné »

Si les conceptions de Montaigne paraissent s'approcher davantage des théories modernes que de celles des érudits allemands du

(1) Noam CHOMSKY, *La Linguistique cartésienne*, Paris, Seuil, pp. 17-18.
(2) *Ibid.*, p. 15. La dernière phrase était citée de M. GRAMMONT, *Revue des langues romanes* (vol. 61, p. 439), par G. Harnois dans « Les Théories du

XIXᵉ siècle, ceci ne veut pas dire pourtant qu'il rejette toute la sagesse antique. Il semble que Montaigne déplore le fait que les disciples de ces grands hommes n'aient pas atteint la sagesse de leurs maîtres. Dans l'essai « De la vanité des paroles », ses observations ont justement pour but de faire voir que les Anciens, tout comme lui-même, savaient l'effet pernicieux que le Mot peut exercer sur l'esprit.

Raillant ceux qui connaissent la force des mots et qui font profession de tromper notre jugement, Montaigne dénonce la rhéthorique. Ariston la définit « science à persuader le peuple ; Socrates, Platon, art de tromper et de flatter ; et ceux qui le nient en la generale description le verifient partout en leur preceptes ». Car « c'est un util inventé pour manier et agiter une tourbe et une commune desreiglée » (I : 51, 293). Il ne s'emploie que dans les états « malades », dit-il, et il traite parallèlement la maladie de son pays et celle de la Rome ancienne :

> L'éloquence a fleury le plus à Rome lorsque les affaires ont esté en plus mauvais estat, et que l'orage des guerres civiles les agitoit ....
> en ceux où le vulgaire, où les ignorans, où tous ont tout peu, comme celuy d'Athenes (1), de Rhodes et de Rome, et où les choses ont esté en perpetuelle tempeste, là ont afflué les orateurs. Et, à la vérité, il se void peu de personnages, en ces republiques là, qui se soient poussez en grand credit sans le secours de l'éloquence ; Pompeius, Caesar, Crassus, Lucullus, Lentulus, Metellus, ont pris de là leur grand appuy à se monter à cette grandeur d'authorité où ils sont en fin arrivez, et s'en sont aydez plus que des armes (*Ibid.*).

Sur un ton amusé Montaigne raconte une anecdote illustrant bien l'idée qu'il s'en fait de cet « art » d'éloquence qui fleurit à l'époque où il écrit les *Essais*. A un serviteur, maître d'hôtel du cardinal Caraffe, notre auteur demanda un jour de lui « compter de sa charge » (I : 51, 294).

> Il m'a fait un discours de cette science de gueule (2) avec

---

langage en France de 1660 à 1821 ». Un travail qui m'était inspiré par *La linguistique cartésienne* est en préparation.

(1) Nous avons déjà signalé les affinités, sur ce point, entre Rabelais et Montaigne, en montrant, n'est-ce que modestement, à quel point ces deux maîtres de mots, éloignés par le temps, se rapprochent toutefois à nous par leur esprit. (*BSAM*, § 17, Janvier-Mars, 1969.)
Un récent ouvrage sur Rabelais vient de confirmer nos opinions. L'auteur y démontre, à juste titre, « une étonnante similitude entre les questions qui surgissent, en forme bouffonne, chez Rabelais, et celles que nous affrontons ». (Cf. Jean PARIS, Rabelais Au Futur, Paris, Seuil, 1970.)
(2) M. Friedrich écrit à ce propos « Lui qui sait si bien écrire, il tient la belle musique du discours (souavitas), naguère si fameuse, pour une séduction malhonnête ; la rhétorique, il l'appelle crûment ” cette science de gueule ” » H. FRIEDRICH, *Montaigne*, p. 98).

une gravité et une contenance magistrale, comme s'il m'eust parlé de quelque grand poinct de Theologie. Il m'a dechiffré une différence d'appetits : celuy qu'on a à jeun, qu'on a après le second et tiers service ; les moyens tantost de luy plaire simplement, tantost de l'eveiller et picquer ; la police de ses sauces, premierement en general, et puis particularisant les qualitez des ingrediens et leurs effects ; les differences des salades selon leur saison, celle qui doit estre reschauffée, celle qui veut estre servie froide, la façon de les orner et embellir pour les rendre encores plaisantes à la veuë. Après cela, il est entré sur l'ordre du service, plein de belles et importantes considérations (*Ibid.*).

Tous ces mots, conclut Montaigne, étaient enflés de riches et magnifiques paroles, celles mêmes qu'on emploie pour traiter du gouvernement d'un Empire. Mais tout cela ce sont des mots. Il observe plus loin (à la même page) que les termes grammaticaux et formes stylistiques les plus élevés ne signifient pas nécessairement quelque chose d'important : « Oyez dire metonomie, metaphore, allegorie et autres tels noms de la grammaire, semble-t-il pas qu'on signifie [notons que Montaigne emploie ce terme devenu très à la mode] quelque forme de langage rare et pellegrin ? Ce sont titres qui touchent le babil de vostre chambriere » (*Ibid*). Montaigne feint de s'étonner de l'effet que les mots exercent sur l'imagination de l'homme. Le passage que nous citerons ne constitue pas uniquement un témoignage de son art, mais il nous rappelle le thème central traité par Platon dans le *Phèdre*. Là Socrate fait deux discours et fait semblant de s'étonner de la réussite de l'un des deux, car il ne représentait guère de vérité. Il observe alors qu'au cours de ce discours il s'était laissé aller au charme des paroles de Lysias. C'est ainsi qu'il a atteint cette belle réussite (1). Montaigne, à son tour, remarque (dans l'essai « Du parler prompt ou tardif), que « L'occasion, la compaignie, le branle mesme de ma voix tire plus de mon esprit que je n'y trouve lors que je le sonde et employe à part moy... Ainsi les paroles en valent mieux que les escripts, s'il y peut avoir chois où il n'y a point de pris » (I : 10, 41). Et de même dans le chapitre « De la vanité des paroles », il fait allusion à cette force suggestive des mots :

> Je ne sçay s'il en advient aux autres comme à moy ; mais je ne me puis garder, quand j'oy nos architectes s'enfler de ces gros mots de pilastres, architraves, corniches, d'ouvrage Corinhtien et Dorique, et semblables de leur jargon, que mon imagination ne se saisisse, incontinent du palais d'Apolidon ; et, par effect, je trouve que ce sont les chetives pieces de la porte de ma cuisine (I : 51, 294).

Il n'y a aucun doute que le problème relatif à la nature et à

---

(1) PLATON, *Œuvres Complètes, Phèdre,* Pléiade, 1964, Vol. II, pp. 19-20.

la fonction du phénomène linguistique provoque chez Montaigne des réflexions sérieuses. Que les mots exercent une influence énorme sur l'imagination et sur l'action humaine se voit surtout dans les chapitres, « De la force de l'imagination », « Des prognostications », « De l'oisiveté ». D'autre part, les allusions aux dialogues platoniciens qui traitent du langage, de son pouvoir et de ses fonctions sont très nombreuses dans les *Essais*. En outre, Montaigne n'ignore pas le prestige de la *dialectique* et de la *rhétorique* d'Aristote auprès de ses contemporains, et ses allusions au « monarque de la doctrine moderne » (I : 26, 144) sont fréquentes. Aristote, ancien élève de l'Académie n'a pas suivi la voie de son maître. L'usage qu'il fait de la rhétorique l'aurait sans doute offensé. Voici un commentaire de M. Dufour (1), sur la genèse de *La Rhétorique* et sur les intentions de l'auteur :

> D'abord Aristote se prête, par une élection réfléchie, à l'influence platonicienne ; il accueille les objections dialectiques faites par Platon à la rhétorique des sophistes et dont le *Gorgias* nous offre un exposé complet ; il se convainc qu'une techné ne saurait trouver de base solide hors des données de la psychologie, ainsi que Socrate le démontre dans la seconde partie du *Phèdre* ; il est alors un élève docile de l'Académie. Mais, plus tard, après son retour à Athènes, lorsqu'il a découvert le syllogisme, que sa nouvelle conception de la logique lui fait apercevoir l'étroitesse et l'insuffisance de l'ancienne dialectique, il réagit contre Platon, affranchit la *Rhétorique* de la tutelle où la tenait la Morale, et, conduit par la logique à un amoralisme, dont son maître se fût indigné, il rend pratique et utile la *techné,* art de réfutation non moins que de confirmation, en l'autorisant à conclure dans les deux sens opposés (2).

Cet amoralisme rhétorique, dont il est question ici, se heurte non seulement aux principes de Platon mais aussi à ceux de Montaigne, pour qui la question de l'écriture se présente bien comme une question morale. L'enjeu en est bien la moralité, aussi bien au sens de l'opposition du bien et du mal, du bon et du mauvais, qu'au sens des mœurs, de la moralité publique et des bienséances sociales.

Nous savons que Montaigne s'attaque précisément à cet art qui autorise à conclure dans les deux sens opposés. Il semble que ce soit ces principes qui ont inspiré le long chapitre « Apologie de Raimond Sebond », illustration par excellence de la dialectique et de la rhétorique vantées précisément pour ce « privilège » qu'elles ont à « soutenir les contraires ». Quelle meilleure façon de dénoncer cet art subtil que de s'en servir pour démontrer son efficacité ? Chose qu'on ne lui a pas pardonnée. Toute sa critique du langage par rapport à la pensée semble être dirigée contre Aristote (3)

(1) ARISTOTE, *La Rhétorique*, Paris, les Belles Lettres, 1932, 2 volumes.
(2) *Ibid.*, Introduction, pp. 7-8.
(3) Nous croyons utile de citer un long passage de « L'Apologie de Raymond

[précurseur de la rhétorique latine et française]. Rappelons quelques définitions.

Notre intention n'est pas de faire ici une analyse comparative mais d'éclairer la position de Montaigne en nous référant à Aristote, surtout à son emploi de « l'exemple » qui dans sa « techné » aussi bien que dans celle de Montaigne constitue une des figures rhétoriques de base.

Les deux premiers livres de la *Rhétorique* d'Aristote sont consacrés au fond : à la théorie de l'argumentation, à l'invention des preuves et aux trois genres oratoires ; le troisième étudie la forme, c'est-à-dire les divers modes d'expression de ces preuves et la place qu'elles doivent occuper dans l'ordonnance du discours. Ainsi sont composés le Fond et la Forme qui constituent la « techné » et dont l'objet est l'efficacité (*La Rhétorique,* p. 6). Il s'agit pour Aristote d'une nouvelle méthode personnelle qui tend à développer une théorie « des preuves objectives et subjectives », qui distinguerait les genres, rechercherait les lieux « communs et spéciaux », tirerait des mêmes principes confirmation et réfutation et ainsi rendrait la « techné » aussi « efficace et scientifique qu'il se peut dans le domaine de la vraisemblance » (*Ibid.,* p. 7).

Aristote définit la rhétorique, « la faculté de voir dans un sujet quelconque ce qu'il renferme de propre à persuader » (1).

> Or de tous les autres arts, aucun n'enseigne à soutenir les contraires. La rhétorique et la dialectique, qui s'en occupent également, ont seules ce privilège (*Ibid.,* p. 12).

Parmi les preuves de la rhétorique, les unes sont « artificielles » et les autres « indépendantes » de l'art.

Sebond », pour saisir l'attitude de Montaigne envers Aristote et tout dogmatisme. « Le Dieu de la science scholastique c'est Aristote ; c'est religion de debatre de ses ordonnances, comme de celles de Lycurgus à Sparte. Sa doctrine nous sert de loy magistrale, qui est à l'avanture autant fauce qu'une autre. Je ne sçay pas pourquoy je n'acceptasse autant volontiers ou les idées de Platon, ou les atomes d'Epicurus, ou le plain et le vuide de Leucippus et Democritus, ou l'eau de Thales, ou l'infinité de nature d'Anaximander, ou l'air de Diogenes, ou les nombres et symmetrie de Pythagoras, ou l'infiny de Parmenides, ou l'un des Musaeus, ou l'eau et le feu d'Apollodorus, ou les particis similaires d'Anaxagoras, ou la discorde et amitié d'Empedocles, ou le feu de Heraclitus, ou toute autre opinion de cette confusion infinie d'advis et de sentences que produit cette belle raison humaine par sa certitude et clairvoyance en tout ce dequoy elle se mesle, que je feroy l'opinion d'Aristote, sur ce subject des principes des choses naturelles : lesquels principes il bastit de trois pieces, matière, forme et privation. Et qu'est-il plus vain que de faire l'inanité mesme cause de la production des choses ? La privation, c'est une negative ; de quelle humeur en a-il peu faire la cause et origine des choses qui sont ? Cela toutesfois ne s'auseroit esbranler, que pour l'exercice de la Logique. On n'y débat rien pour le mettre en doute, mais pour defendre l'auteur de l'eschole des objections estrangères : son authorité, c'est le but au delà duquel il n'est pas permis de s'enquerir » (II : 12, 521).

(1) ARISTOTE, *La Rhétorique,* Paris Bobée, 1822, p. 16 (sauf indication contraire, nous nous référerons à cette édition).

Je range, dans cette dernière classe, celles que l'orateur n'invente pas... telles sont les preuves fournies par les dépositions des témoins, les aveux arrachés par les tortures, les conventions et les autres de même espèce. J'appelle preuves *artificielles* (1) celles qu'il peut préparer lui-même et par les règles de la rhétorique. Les preuves qui dépendent de l'art sont de trois espèces ; 1) celles qui se tirent des mœurs de l'orateur, 2) celles qui naissent des dispositions où il a mis l'auditeur ; 3) celles qui viennent du discour même, soit que le sujet ait été démontré véritablement, ou simplement en apparence (I : 26, 19).

Si les preuves *artificielles* sont fondées sur ces trois moyens, on ne saurait douter qu'on ne doive s'appliquer à trois choses ; 1) à faire de bons raisonnements ; 2) à ne rien ignorer de ce qui concerne les mœurs et les vertus ; 3) à acquérir une assez profonde connaissance des passions pour distinguer la nature de chacune en particulier ; les différences qui les caractérisent, les produisent, et le moyen de les faire naître (*Ibid.*, p. 20).

A la base de cette rhétorique se trouvent les éléments de la psychologie.

En ce qui concerne les passions et les causes qui les produisent, Montaigne observe que :

Les prescheurs sçavent que l'emotion qui leur vient en parlant, les anime vers la creance, et qu'en cholere nous nous adonnons plus à la deffence de nostre proposition, l'imprimons en nous et l'embrassons avec plus de vehemence et d'approbation que nous ne faisons estant en nostre sens froid et reposé » (II : 12, 549).

Remarquons que cette façon d'exploiter la psychologie au service de la pensée en vue de la persuasion, critiquée par Montaigne et qui vise les prêcheurs, est vantée par Charron, fameux prêcheur lui-même ; la « preuve » qui se tire « des mœurs de l'orateur » (2) à laquelle Aristote attache une importance capitale, est également vantée par Charron et dénoncée par Montaigne. Il s'agit, dans cette preuve, de donner l'impression aux auditeurs que l'orateur a des mœurs irréprochables :

Nous sommes persuadés à l'occasion des mœurs de l'orateur lorsque son discours est traité de telle manière qu'il paraît digne de notre confiance. Car, généralement en tout, mais principalement dans les matières qu'on ne connaît point d'une manière certaine et sur lesquelles les opinions sont partagées, nous nous fions plutôt et avec beaucoup plus de sécurité aux gens de bien qu'aux méchants (3).

---

(1) Mot souligné dans le livre.
(2) La Rhétorique, *op. cit.*, p. 19.
(3) *Ibid.*

Montaigne observe à ce propos :

> Il n'est si homme de bien, qu'il mette à l'examen des lois
> toutes ses actions et pensées, qui ne soit pendable dix fois en
> sa vie... (1) (III : 9, 969).

Quant à l' « exemple », voyons la définition qu'en donne
Aristote :

> Il nous reste à parler des preuves communes à tous les gen-
> res... Elles se réduisent à deux, l'exemple et l'enthymême ;...
> Occupons-nous d'abord de l'exemple. Il a beaucouup de rapport
> avec l'induction ; qui en est le commencement. Il y a deux es-
> pèces d'exemples ; la première, lorsqu'on appuie ses preuves
> sur des événements qui sont arrivés ; la seconde, lorsqu'on les
> fonde sur des choses qu'on a imaginées (2) soi-meme. Dans
> celle-ci, on distingue la parabole et les fables (3).

Voici comment Aristote décrit la seconde espèce de l'exemple
dans laquelle il distingue la parabole et les fables :

> Un orateur veut persuader aux Grecs qu'ils doivent faire
> des préparatifs pour empêcher le roi de Perse de soumettre
> l'Egypte à sa domination. Il dira que Darius ne vint pas dans
> la Grèce avant de s'être rendu maître de l'Egypte, et qu'à peine
> il s'en fut emparé, qu'il marcha contre les Grecs (4).
> . . . .
> La parabole consiste dans cette sorte de preuves dont se
> servait Socrate. Par exemple, si, pour prouver que les magis-
> trats ne doivent pas être élus par la voie du sort, on disait :
> C'est comme si l'on avait recours au sort pour le choix des
> athlètes, et si l'on prenait, non pas ceux qui sont le plus pro-
> pres à combattre, mais ceux que le hasard aurait désignés (5).
> (Montaigne se sert aussi de cette sorte de parabole).

Parmi les fables Aristote distingue aussi celles qu'on appelle
esopéennes et lybiennes. Celle « d'Esope est pour un déma-
gogue » (6).

Or Montaigne s'indigne contre les buts de cette techné, et développe la sienne. Sa fonction, à l'opposé de la rhétorique aristotéli-

---

(1) Pour ridiculiser cette « preuve » Montaigne dénonce les mœurs des
philosophes et orateurs. Voir *infra* ch. 8.
(2) Il s'agit ici des « preuves » que l'orateur « peut préparer lui-même
et par les règles de la rhétorique ». Voir *supra*, p. 81. Ici Aristote
utilise le mot « imaginées ». Mais ce qui compte c'est de distinguer entre les
deux espèces d'exemples, les « artificielles » et les « indépendantes » de l'art.
(3) *La Rhétorique, op. cit.*, p. 351.
(4) *Ibid.*, p. 352.
(5) *Ibid.*
(6) *Ibid.* Nous verrons plus loin que Montaigne critique cet usage de la
« fable » d'Esope, *infra*, p. 88.

cienne, sera non pas de rendre le discours « aussi scientifique qu'il se peut dans le domaine de la vraisemblance » (1), afin de lui assurer la crédibilité, mais de montrer qu'il n'y a point de vérité certaine, que toutes les connaissances demeurent vraisemblables car tout est dans le sphère du possible.

Il se sert des mêmes procédés qu'Aristote mais dans un but opposé. Comme lui il utilisera des exemples qui s'appuient sur des « preuves artificielles », celles qu'il peut « préparer lui-même », et qui dépendent de « trois espèces » (2). Ces « preuves » sont plus faciles à trouver, mais ont moins de prestige que celles qui sont « indépendantes » de l'art, a dit Aristote, car elles sont « fondées » sur des apparences (3) fondées sur « une ressemblance ». Il s'agit donc, dans la rhétorique aristotélicienne, de présenter ce type d'exemple comme une vérité et Aristote admet que c'est une tâche difficile, c'est pourquoi il insiste sur le rôle que le prestige de l'orateur, sa morale (pas tant véritable qu'apparente) (4), joue auprès du public, qui est supposé accepter cette probabilité comme un fait de vérité. Montaigne fait un usage très particulier de ce type d'exemple. Puisque son but n'est pas de donner plus de prestige à la preuve « artificielle », et de la renforcer par la morale exemplaire de l'orateur, mais au contraire, de la rendre douteuse, il insiste sur les faiblesses de son caractère. Ce « jeu » ironique (5) fut pourtant pris au sérieux par le grand maître d'ironie Pascal.

Pour démontrer qu'une « preuve » ne garantit pas la vérité, Montaigne se sert de toutes sortes d'exemples. Il les appelle tantôt « occasions », « histoires », « contes », tantôt « exemples », « tesmoignages fabuleux », « fables », « fantaisies ». Nous les appelons « fables ».

La fable : sa fonction dans les Essais.

Les « fables » parsèment les pages des *Essais*. C'est une « preuve » rhétorique classée dans la catégorie de ce qu'Aristote appelle « exemple ». Pour apprécier cette forme chez Montaigne, il convient de se rappeler que l'auteur des *Essais* ne croit pas que l'on puisse connaître d'autres vérités que partielles ; il s'ensuit qu'il n'est pas question d'en déduire des théories générales. Etant pourtant conscient que ceux qui essayent de nous faire croire à une vérité générale, présentent des faits particuliers comme

---

(1) Voir *supra*, p. 81.
(2) *Ibid.*
(3) Voir *supra*, p. 82.
(4) *Ibid.*
(5) Nous reviendrons sur ce point dans le dernier chapitre de cette étude.

vrais (1), il estime nécessaire de présenter tout fait, non pas comme une vérité en soi, mais comme une probabilité, et d'expliquer que toute généralité n'est que probable. La fable, mieux que tout autre procédé, convient à cette attitude. Elle a, chez Montaigne, deux fonctions : 1) elle est « représentation » de la réalité ; 2) elle a un rapport direct avec son concept de la connaissance. Sous son premier aspect, elle a une valeur représentative ; dans le second, une valeur épistémologique. Dans son ensemble c'est une figure rhétorique imaginée ou empruntée par l'écrivain et dans laquelle cette matière est moulée. Nous observons dans ce procédé le lien intime entre ces deux entités : la forme et le contenu, qui sont en somme l'écriture et la connaissance.

Montaigne attribue ainsi à la fable la signification que lui assignent les poètes. Parmi les poètes c'est Térence qu'il trouve « admirable à representer au vif les mouvemens de l'ame et la condition de nos meurs... » (II : 10, 390). Pour la même raison il vante Homère, et ces déclarations nous informent sur son propre art. Elles suggèrent que le lecteur devrait suivre son exemple, c'est-à-dire, lire ses « fables » de la même façon qu'il lit celles des poètes en prenant soin de voir ce qu'elles évoquent.

« les mouvemens de l'ame et la condition de nos meurs »

Voici comment le mot « fabula » est défini dans le dictionnaire latin :

> Fabula (fabri, 1) propos de la foule, conversation : habes omnes fabula urbis Plain. Ep. 8, 18, II, voilà tous les propos de la ville ;... ; être l'objet des propos, des conversations ; ... comme j'ai fait parler de moi dans toute la ville. cf. Hor. Ep. I, 13, 9, 2) propos familiers, conversations (privées) : Tac. D. 2 ; 29 ; 3) récit sans garantie historique, récit mythique : inseritur juic loco fabula Liv. 5, 21, 8, ici se place un récit légendaire, cf. Liv I, 4, 7 : I, II, 8 ; 10, 9, 13 ; fictae fabulae Cic. Fin. 5, 64 ; poeticae Liv I praef. 6, récits fabuleux, légendes poétiques ;... fabulae ! Ter. And 224 ! Haut. 336, contes ! ... 4) pièce de théâtre : ... Cic. Br 73, faire jouer, donner au public une pièce de théâtre ... jouer jusqu'au bout le drame de la vie ; haec etiam in fabulis stultissima persona est, credolorum senum Cic. Lae. IP9, c'est, même, au théâtre le plus sot des personnages que celui des vieillards crédules (2).

Montaigne nous parle lui-même du rapport entre la matière de son livre, le jugement qu'elle nécessite et sa façon de la traiter :

> Le jugement est un util à tous subjects, et se mesle par tout. A cette cause, aux essais que j'en fay ici, j'y employe

---

(1) Les historiens par exemple dont il sera question dans le chapitre suivant.
(2) *Dictionnaire illustré latin-français*, L. M. Fortin, Paris, 1934, p. 646. Montaigne emploie la « fable » dans tous ces sens.

toute sorte d'occasion. Si c'est un subject que je n'entende point, à cela mesme je l'essaye, sondant le gué de bien loing : et puis, le trouvant trop profond pour ma taille, je me tiens à la rive ; et cette reconnoissance de ne pouvoir passer outre, c'est un traict de son effect, voire de ceux dequoy il se vante le plus. Tantost, à un subject vain et de neant, j'essaye voir s'il trouvera dequoy lui donner corps et dequoy l'appuyer et estançonner. Tantost je le promene à un subject noble et tracassé, auquel il n'a rien à trouver de soy, le chemin en estant si frayé qu'il ne peut marcher que sur la piste d'autruy. Là il fait son jeu à eslire la route qui luy semble la meilleure, et, de mille sentiers, il dict que cettuy-cy, ou celuy-là, a esté le mieux choisi. Je prends de la fortune le premier argument. Ils me sont également bons. Et ne desseigne jamais de les produire entiers. Car je ne voy le tout de rien. Ne font pas, ceux qui promettent de nous le faire veoir. De cent membres et visages qu'a chaque chose, j'en prends un tantost à lecher seulement, tantost à effleurer, et par fois à pincer jusqu'à l'os. J'y donne une poincte, non pas le plus largement, mais le plus profondément que je sçay. Et aime plus souvent à les saisir par quelque lustre inusité. Je me hazarderoy de traitter à fons quelques matière, si je me connoissoy moins. Semant icy un mot, icy un autre, eschantillons despris de leur piece, escartez, sans dessein et sans promesse, je ne suis pas tenu d'en faire bon, ny de m'y tenir moy mesme, sans varier quand il me plaist ; et me rendre au doubte et incertitude, et à ma maistresse forme, qui est l'ignorance (I : 50, 289-290).

Ce passage nous amène au cœur même de notre étude. Montaigne y parle tout d'abord du sujet de son livre ; ensuite, il explique que pour le traiter il emploie « toute sorte d'occasion » qui s'allient à la matière de son livre, enfin il précise la raison de son choix.

Or, nous dit Montaigne, étant donné la diversité de son jugement qui le mène à tout sujet, il croit approprié d'employer « toute sorte d'occasion » pourvu qu'il arrive à « donner corps » à son sujet, c'est-à-dire à le concrétiser. Si tous les « arguments » lui sont « également bons », c'est que ne voyant jamais le tout de ce qu'il « essaye » de voir, il ne cherche pas à présenter un objet entier. Il veut dire par là que la forme de son art ne peut se limiter à un shéma statique, qu'elle doit, au contraire, être souple, de façon à se plier à l'exigence du sujet. Or, lorsqu'il s'agit de l'introspection la complexité du sujet fait qu'il est difficile de le comprendre pleinement, il s'échappe et ne se montre qu'en partie. Ainsi absorbé dans une matière qui se caractérise par une suite d'impressions qui changent sans cesse, qui a une multiple variété de visages, Montaigne ne cherche point à formuler une théorie générale sur l'homme, « car », dit-il, « je ne voy le tout de rien ». Il n'a pas d'intention de traiter un sujet continu, c'est non seulement contre sa nature mais contre son dessein. Tout ce qu'il veut faire c'est enregistrer des images séparées, sans souci délibéré de les arranger dans une séquence logique. « Semant icy un mot, icy un autre, echantillons desprits de leur piece, escartez, sans dessein et sans promesse... » Ce passage contient un raisonnement qui permet de comprendre la préférence qu'il donne à cette figure rhétorique qu'est la fable. Avec son aide il peut exprimer ce qui n'est même pas encore aperçu ; suggérer ce qui n'est pas directement observable, c'est ce qu'il annonce dans des formules comme « n'entende point », « je l'essaye sondant le gué de bien loin ».

La « fable » lui permet, en d'autres termes, d'évoquer l'indéchiffrable, et puisque l'indéchiffrable ne peut être que suggéré, la nature de cette matière s'allie et fait corps même avec la forme de cet art. Voici par exemple comment Montaigne utilise des propos familiers. Nous avons vu que la définition de « fabula » comprend le propos familier, la conversation et en général tout récit sans garantie historique. Pour prouver qu'un geste trahit souvent une inclination naturelle, Montaigne prend pour exemple Cicéron :

> ...Ciceron, ce me semble, avoit accoustumé de rincer le nez, qui signifie un naturel moqueur. Tels mouvemens peuvent arriver imperceptiblement en nous (II : 17, 616).

Notons ici les mots « ce me semble », ils indiquent justement qu'il ne s'agit point ici de garantie historique.

Pour suggérer une attitude peu naturelle, il raconte que :

> Constantius L'Empereur, qui en publicq tenoit tousjours la teste droite, sans la contourner ou flechir ny çà ny là, non pas seulement pour regarder ceux qui le saluoient à costé, ayant le corps planté immobile, sans se laisser aller au branle de son coche, sans oser ny cracher, ny se moucher, ny essuyer le visage devant les gens (*Ibid.*).

Une forme rigide ne se prêterait guère à ce genre d'exploration. Il lui faut une forme dynamique qui imite le mouvement et le drame de la vie (1). Une matière si souple entre mal dans le cadre de la logique ; une fable, par sa nature, est capable, au contraire d'exprimer ce qui n'est ni exploré, ni compris.

Alors nous comprenons mieux le sens de ses avertissements au sujet de ses discours. « Les discours sont à moy », dit-il, « chacun y peut joindre ses exemples : et qui n'en a point qu'il ne laisse pas de croire qu'il en est, veu le nombre et variété des accidens » (I : 21, 104). Il n'attache d'importance, dit-il, ni aux faits, ni à la place de l'événement décrit. Cet événement peut se produire à Paris, à Rome, n'importe où, car « l'estude que je traitte de noz mœurs et mouvemens, les tesmoignages fabuleux, pourveu

_____

(1) Sa conception du théâtre, que nous traitons au chapitre VIII de cette étude, répond à ce besoin. La fable et le portrait sont des éléments constituants de l'esthétique du théâtre.

qu'ils soient possibles y servent comme vrais » (1), (*Ibid.*). Tout ce que ces événements font alors c'est de concrétiser un concept : l'idée de la relativité des mœurs.

Ainsi, pour concrétiser l'idée de la diversité de la nature humaine, que Montaigne découvre aussi en soi-même, il se sert de maintes histoires amusantes, qui présentent un tableau de la comédie humaine : vice et vertu, faiblesse et grandeur, le tragique, le ridicule, mais aussi la politique, la religion, les coutumes (2).

La fable lui sert donc de moyen d'élargissement. Le thème de la diversité des coutumes, par exemple, dans l'essai « Des cannibales », nous a été présenté précisément par l'emploi des « fables ». Montaigne ne veut pas ici concrétiser uniquement l'idée de la diversité des coutumes. Par le choix des « fables » il groupe un nombre d'éléments convergents qui lui permettent de viser l'esprit étroit de ses contemporains et de l'homme en général. En opposant les mœurs du « civilisé » à celles du « barbare », sa critique devient plus aiguë. Sachant que Montaigne se sert « des tesmoignages fabuleux » nous ne pouvons pas prendre ses « exemples » à la lettre. Ceux qui voudront y voir des témoignages de vérité n'ont qu'à se rappeler tout ce que Montaigne nous dit au sujet de la coutume, de son importance même. D'après ses goûts, nous savons en effet qu'il n'aurait pas plus préféré vivre avec le sauvage qui rapporte, après la bataille, la tête de l'homme mort qu'il a vaincu, qu'avec l'homme « civilisé », qui déchire le corps encore vivant de sa victime. Ces fables sont donc significatives parce qu'elles lui permettent de transmettre un « message », par la voie de la suggestion, de glisser le doute dans le jugement de ses contemporains, sous-entendre que le problème de la coutume réside dans la sphère du relatif, après quoi il peut ajouter qu'il est nécessaire de devenir plus souple dans le règlement des problèmes concernant autrui car « les hommes sont divers en goust et en force ; il il les faut mener à leur bien selon eux, et par routes diverses » (III : 12, 1029).

Finalement, la fable qui « imite » (dans le sens de la « mimesis ») l'inconstance humaine, est choisie par Montaigne comme « signe » le plus approprié à « représenter » le sujet qu'est l'homme, car tout comme la « fable », qui change avec celui qui la conte, l'homme change lui aussi d'un moment à l'autre. « Jamais deux hommes ne jugerent pareillement de mesme chose, et est impossible de voir deux opinions semblables exactement, non seulement en divers hommes, mais en mesme homme à diverses heures » (III : 13, 1044). Il ne saurait donc être question de représenter

---

(1) Il faut voir, que dans cette conception, le possible, présenté par la fable, est plus près de la Réalité de l'Etre, c'est-à-dire du vrai que le « vrai » présenté par un fait historique. Nous reprenons cette réflexion, au sujet de la mimesis, dans les chapitres VII et VIII.
C'est pourquoi le théâtre convient le mieux à cette présentation.

l'homme ni comme créature purement rationnelle, ni comme créature statique. Cette idée de rationalité n'est pour Montaigne que pure invention. Montaigne impose donc la rupture de cette vue traditionnelle par le thème de l'inconstance humaine, et par la forme qu'il crée pour la signaler. Enfin, si la fable lui paraît avoir la propriété parfaite correspondant au sujet qu'il se propose d'analyser, c'est qu'elle est en même temps changement et invention. A propos des fables d'Esope, par exemple, il déclare qu'elles ont plusieurs « sens et intelligences » (II : 10, 390). Ceux qui « les mythologisent (1) en choisissant quelque visage qui quadre bien à la fable (2) ; mais, pour la pluspart, ce n'est que le premier visage et superficiel ; il y en a d'autres plus vifs, plus essentiels et internes, ausquels ils n'ont sçeu penetrer : voylà comme j'en fay » (*Ibid.*).

Dans ce chapitre nous avons essayé de montrer que Montaigne est conscient du rapport entre la pensée et le langage, mais qu'en devançant les humanistes « cicéroniens » de son temps qui croient que le mot est une sorte de « calque » de la pensée, il se rapproche des anciens tels que Platon et des modernes tels que Buyssens ou Barthes, mais il garde sa propre originalité.

Un homme qui se rend aussi bien compte du rôle que le mot joue dans les activités humaines n'ignorait pas la tâche de l'écrivain : la difficulté qu'il rencontre à trouver une forme propre à exprimer sa pensée. Puisque la pensée d'un homme n'est jamais tout à fait nouvelle, elle a une part dans l'Histoire, comme le soutient avec justesse Barthes ; Montaigne utilise une forme rhétorique classique qui retient l'élément traditionnel de la pensée humaine ; en l'employant à des buts différents, il lui donne une nouvelle signification. Il marque, par ce faire, la rupture avec le passé, et annonce une nouvelle pensée. Cette nouveauté est le fruit de son enquête, de ce qu'il observe. C'est ainsi que s'explique sa préférence pour la fable. Ceci ne saurait surprendre lorsqu'on se rend compte de la souplesse qu'elle contient.

La définition de « fabula » montre la flexibilité de cette forme littéraire. Et, qui pourrait écrire un livre aussi riche en suggestion sans posséder l'art d'exploiter la richesse de cette forme ? Ici apparaît particulièrement le génie créateur de Montaigne.

Nous voudrions finir ce chapitre par une « fable ». Il s'agit pour Montaigne de montrer que la richesse n'est pas, après tout, une chose à mépriser. Bien au contraire, il faut savoir l'utiliser. Voici comment il procède. Il se réfère à Platon (3) qui range

---

(1) Nous avons vu qu'Aristote en parlant des Fables d'Esope disait qu'elles servaient aux démonstrations des démagogues. Ces derniers leur donnent une valeur unique et choisissent le sens qui leur convient.
(2) Voir *infra*, p. 115.
(3) Dans les *Lois*, II, 1, 631 (trad. Ficin). *Essais*, notes et variantes, p. 1445 (dans les *Essais*, p. 66, note 1).

ainsi les biens « corporels ou humains : la santé, la beauté, la force, la richesse. Et la richesse, dict-il, n'est pas aveugle mais très clairvoyante, quand elle est illuminée par la prudence » (I : 14, 66).

Après s'être référé à Platon qu'il approuve, Montaigne se sert d'une « fable » qui rend cette opinion saillante, et qui lui permet de suggérer l'attitude diverse qu'ont les hommes envers la richesse :

> Dionisus le fils (1) eust sur ce propos bonne grace. On l'advertit que l'un de ses Syracusains avoit caché dans terre un thresor. Il luy demanda de luy apporter, ce qu'il fit, s'en reservant à la desrobbée quelque partie, avec laquelle il s'en alla en une autre ville, où ayant perdu cet appétit de thesaurizer, il se mit à vivre plus liberallement. Ce qu'entendant Dionysius luy fit rendre le demeurant de son thresor, disant que puis qu'il avoit appris à en sçavoir user, il le luy rendoit volontier (*Ibid.*).

Dans le chapitre suivant nous reparlerons de la fable, par rapport à la métaphore du théâtre.

_____

(1) Montaigne se trompe : il s'agit de Denys L'Ancien. Cf. Plutarque, *Dicts notables des anciens Roys* (trad. Amyot), *Essais,* notes et variantes (dans les Essais, p. 66, note 2).

Chapitre VII

MONTAIGNE ET L'ÉCRITURE :
SIGNE ET SIGNIFICATION DANS LES *ESSAIS*

> J'escris mon livre à peu d'hommes et à peu d'années. Si
> ç'eust esté une matière de durée, il l'eust fallu commettre à
> un langage plus ferme. Selon la variation continuelle qui a suivy
> le nostre jusques à cette heure, qui peut esperer que sa forme
> presente soit en usage, d'icy à cinquante ans ? Il escoule tous
> les jours de nos mains et depuis que je vis s'est altéré de moitié.
> Nous disons qu'il est à cette heure parfaict. Autant en dict du
> sien chaque siecle. (III : 9, 960-961).

Le discours de Montaigne se révèle par sa façon d'argumenter
et par ses nombreux énoncés, déclarations, et avertissements ; les
uns attirent l'attention du lecteur et l'obligent à réfléchir, les autres
expliquent ou suggèrent. Montaigne se présente de cette façon en
même temps comme créateur et critique de son œuvre, puisqu'il
nous met en présence de son « code » et nous aide en nous le
rendant intelligible. Ce qui ne saurait surprendre, quand on sait
à quel point le problème de l'utilité des langages et les pièges qu'ils
présentent le préoccupent. C'est ainsi qu'il est amené lui-même à
poser et à résoudre pour son propre compte la question de la
signification et de l'utilité du langage littéraire. Car, comme il
le dit « Nul plaisir n'a goust pour moy sans communication »
(*Ibid.*, 965).

Montaigne se rend compte que les vicissitudes de la vie se
reflètent dans les vicissitudes des langages. Le mieux qu'il puisse
faire pour nous présenter la matière de son livre c'est de nous
mettre en présence de deux langages : l'un que lui fournit la tradition (la diachronie de la langue) ; l'autre, élaboré par lui-
même, selon sa propre époque (la synchronie de la langue).
Dans le chapitre précédent nous avons vu que Montaigne dénonce
les abus de la rhétorique traditionnelle. Pourtant « l'exemple »,
figure rhétorique classique, se retrouve dans son œuvre, mais il

s'en sert à des fins différentes de celles que la tradition lui
assigne. Ceci veut dire que les structures verbales qu'il utilise
pour traduire sa pensée et qui constituent son système de « signes »
ne sont pas entièrement nouvelles. Elles contiennent des ressemblances avec les structures traditionnelles sans quoi elles paraî-
traient obscures et indéchiffrables. Par ce fait elles se prêtent parfois à l'erreur, elles peuvent servir de piège. C'est pourquoi dans
le présent chapitre nous voudrions essayer de montrer que les
éléments dont se compose son œuvre convergent vers le but que
l'auteur se propose, qu'ils sont là pour nous renseigner sur la
nature de son discours, qui est littéraire. Nous ferons appel à ses
propres réflexions pour montrer que Montaigne est conscient du
rôle que ces éléments jouent dans son œuvre. Ils forment ensemble un système ; par rapport à Aristote, c'est une nouvelle
« techné » que nous appelons « écriture », pour la distinguer de
la « techné » d'Aristote.

Rappelons la « techné » d'Aristote. Elle s'occupe du *fond* : de
la théorie de l'argumentation et de l'invention des « preuves » en
vue de la persuasion, et de la *forme* : des divers modes d'expression de ces preuves, et de la place qu'elles doivent occuper dans
l'ordonnance du discours. On peut dire que l'œuvre de Montaigne
est structurée selon ces mêmes règles. En ce qui est du *fond*, il
n'y a pas de doute que Montaigne attache une importance considérable au choix des arguments et des « preuves ». En cela il suit
le maître. Mais le fait nouveau consiste en ce que ses arguments
ne sont pas organisés selon la logique de la dialectique syllogis-
tique (1), mais sont le fruit de l'observation, de l'introspection et
de ce qu'il devine. Pour ce qui est de la *forme*, Montaigne attache,
lui aussi, une importance considérable aux divers modes d'expression de ses « preuves » et à la place qu'elles doivent occuper dans
l'ordonnance d'un discours, mais il organise ces éléments de façon
différente d'Aristote. Un titre de chapitre, un mot, sont des éléments importants, au même titre que les structures verbales plus
complexes ; et tous ensemble ils convergent pour former un discours, ordonné non pas selon la logique dialectique, mais selon
sa façon personnelle de voir les choses (2).

Le fait que Montaigne commence le premier livre des *Essais*
par le thème de l'inconstance humaine est donc significatif, car
en le plaçant en tête de son œuvre il « signale » au lecteur toute
l'importance qu'il y attache. Villey souligne justement que par

---

(1) Voir référence à ce problème, *infra*, p. 83 et *passim*.
(2) Nous notons que M. Gérard Genette consacre des nombreuses pages
aux pareilles considérations. Comme d'autres critiques que nous avons cités,
M. Genette ne se rend pas compte de la parenté entre les conceptions de
Montaigne et les siennes propres. Voir Gerard GENETTE, *Figures II*, Paris, Seuil,
1969. Voir aussi dans le nouvel ouvrage de M. Tzvetan Todorov, déjà cité, le
chapitre « Poétique et critique ».

cette pratique, il avertissait le lecteur de toute l'importance qu'il attachait à ce problème :

> C'est, je crois, non la date de sa composition qui a fait placer ici cet essai, mais le désir de mettre en bon lieu l'idée de l'inconstance de l'homme, à laquelle Montaigne tient particulièrement. C'est sur cette idée que s'achève l'édition de 1580..., et elle emplit encore le premier essai du second livre. On constate qu'à toutes les époques elle est restée pour Montaigne une idée capitale, puisque d'édition en édition ce chapitre s'est notablement enrichi (1).

Cette façon de mettre en valeur un thème par la place qu'il lui réserve dans son œuvre est une manière de « dénoter » le message « par quelque marque » comme il le dit, à propos des titres des essais : « Les noms de mes chapitres n'en embrassent pas toujours la matiere ; souvent ils la denotent seulement par quelque marque... » (2) (III : 9, 973).

En dehors des titres des chapitres qui signalent sans signifier, « comme ces autres tittres : *l'Andrie, l'Eunuche,* ou ces autres noms : *Sylla, Cicero, Torquatus* » (*Ibid*), c'est le vocabulaire de Montaigne qui s'impose par sa nouveauté. Il y a dans les *Essais* des mots qui gênent parfois le lecteur érudit qui s'attend, d'un humaniste de la classe de Montaigne, à un vocabulaire plus savant (3). Des mots comme « branle, occasion, vent, fortune, passage, peinture, chancelant, choppant », pour n'en citer que quelques-uns, ont pu étonner, à juste titre d'ailleurs ; car, sans grand rapport avec le langage des humanistes de l'époque, ces mots indiquaient un changement, ils s'imposaient par leur nouveauté.

La forme « essai » signale aussi. Nous observons un travail méthodique de composition dans cette forme souple faite d'additions qui ont souvent l'air de digressions (4). C'est la rencontre

---

(1) *Les Essais de Michel de Montaigne,* éd. Villey, note préliminaire, p. 7.
(2) Les propos de Barthes illustrent précisément ce même principe, lorsqu'il observe que dans un texte littéraire des mots ne doivent pas nécessairement « signifier » quelque chose, mais qu'ils peuvent néanmoins « signaler » quelque chose par leur présence. De tels mots constituent pour Barthes une « écriture dont la fonction n'est pas seulement » — comme c'est le cas des discours non littéraires — « de communiquer ou d'exprimer, mais d'imposer un au-delà du langage qui est à la fois l'Histoire et le parti qu'on y prend ». Une telle écriture signale une « situation révolutionnaire » c'est-à-dire qu'elle signale la rupture avec la représentation traditionnelle du monde. Montaigne consacre une place prépondérante aux problèmes dont se préoccupent philosophes et critiques depuis toujours. Nous avons signalé des affinités entre lui et Aristote, entre lui et Platon et il est intéressant de noter que parmi les montaignistes il se trouve ceux qui essayent d'éclairer « la poétique de Montaigne par celle de Valéry ». Il s'agit de M. Jacques de Feytaud. Voir l'article de Maurice RAT : « Ubiquité de Montaigne », *Les Nouvelles Littéraires,* 20 juin 1963, p. 11.
(3) Au sujet du vocabulaire de Montaigne, voir l'article, déjà signalé, de Maurice Rat, « Un novateur du vocabulaire et du langage : Montaigne écrivain ».
(4) Nous savons que ce qu'on appelle « le style de Montaigne » a été

de ces deux aspects quasi contradictoires qui doit provoquer un choc avertissant le lecteur d'une nouveauté. Mais Montaigne se rend compte des risques qu'il court en composant de cette façon. Quand il ajoute des passages c'est pour clarifier et renforcer un propos, de façon qu'il soit difficile de lui donner un sens différent de celui qu'il envisage. C'est qu'il remarque qu'il y a des lecteurs qui en lisant les *Essais* « conclurront la profondeur » de son sens par « l'obscurité » (1) (*Ibid.*, 974). Il hait ce genre d'écrits qui valent par l'obscurité. « Aristote se vante en quelque lieu de l'affecter ; vitieuse affectation » (*Ibid.*). C'est pourquoi il déclare vouloir que « la matiere se distingue soy-mesmes » (*Ibid.*). Clarifier par un commentaire ajouté une idée qu'on a abordée auparavant est une solution possible permettant de sauvegarder le sens de son œuvre.

> Mais la prudence lui dicte une autre manière de procéder :

> Par ce que la coupure si frequente des chapitres, de quoy j'usois au commencement, m'a semblé rompre l'attention avant qu'elle soit née, et la dissoudre... je me suis mis à les faire plus longs, qui requierent de la proposition et du loisir assigné (*Ibid.*).

Pourtant il ajoute :

> Joint qu'à l'adventure ay-je quelque obligation particuliere à ne dire qu'à demy, (2) à dire confusément, à dire discordamment (*Ibid*).

montrant ainsi que cette manière de composer est voulue.

En ce qui concerne les divers modes d'expression de ses « preuves », nous avons vu que c'est « l'exemple » parmi les preuves « artificielles » que Montaigne préfère. En cela il suit aussi Aristote. Mais puisque l'exemple est utilisé par Montaigne pour exposer un point de vue différent de celui de son prédécesseur, il le modifie. Dans les deux premiers chapitres de cette étude nous avons pu observer comment Montaigne utilise sa méthode d'argumenter et de présenter les « exemples ». Les deux premiers essais du livre I, « Par divers moyens on arrive à pareille fin », et « De la tristesse », s'ouvrent sur deux propositions. Pour arriver à sa conclusion, le décalage entre l'action réfléchie et irréfléchie, il présente des exemples afin de montrer une variété possible de

---

l'objet de commentaires et d'objections très divers. Certains y trouvent trop de digressions, qui conviennent à un homme « qui ne s'était pas rongé les ongles », Maurice WELLER, *La pensée de Montaigne*, Paris, Bordas, 1948, p. 24.
(1) Rappelons-nous la critique traditionnelle adressée à Montaigne. Certains critiques voient dans son langage signe de perfidie : il cache sa vraie pensée (*Port-Royal*, Malebranche) ; d'autres le trouvent obscur et lisent plutôt la *Sagesse* de Charron en pensant y trouver le contenu des *Essais* rendu plus clair. (Villey nous dit même que Charron, en toute probabilité a sauvé les *Essais, Montaigne devant la postérité*, pp. 174-175.
(2) Nous revenons sur ce point dans le dernier chapitre de cette étude.

réponses que les deux propositions suggèrent. C'est par cette méthode (de juxtaposition des exemples) que Montaigne peut arriver à des suggestions les plus diverses, et tandis que la méthode aristotélicienne aboutit à convaincre en faveur d'une vérité certaine, la sienne aboutit à la mettre en doute.

Voici un passage des *Essais* où Montaigne parle de sa méthode de présenter les arguments :

> C'est par maniere de devis que je parle de tout, et de rien par maniere d'advis... Je ne seroit pas si hardy à parler s'il m'appartenoit d'en estre creu ; et fut ce que je respondis à un grand, qui se plaignoit de l'aspreté et contention de mes enhortemens. « Vous sentant bandé et préparé d'une part, je vous propose l'autre de tout le soing que je puis, pour esclaircir vostre jugement, non pour l'obliger (III : 2, 1010-1011).

Le souci de Montaigne d'imposer son « code », son effort pour attirer l'attention du lecteur sur la différence qui existe entre son écriture et celle des autres écrivains (1), se révèle dans de nombreux passages des *Essais,* et s'explique par la conscience qu'il a de la difficulté que le lecteur peut éprouver à la déchiffrer. Voici un passage qui révèle cette crainte :

> Je sçay bien, quand j'oy quelqu'un qui s'arreste au langage des *Essais,* que j'aymerois mieux qu'il s'en teust. Ce n'est pas tant eslever les mots, comme c'est deprimer le sens, d'autant plus picquamment que plus obliquemment (I : 40, 245).

C'est encore la conscience de la difficulté de son écriture qui le pousse à des réflexions suivantes :

> La faveur publique m'a donnée un peu plus de hardiesse que je n'esperois, mais ce que je crains le plus, c'est de saouler ; j'aymerois mieux poindre (piquer, blesser) que lasser, comme a faict un sçavant homme de mon temps (2). La louange est tousjours plaisante, de qui et pourquoy elle vienne ; si faut il, pour s'en aggréer justement, estre informé de sa cause. Les imperfections mesmes ont leur moyen de se recommander. L'estimation vulgaire et commune se voit peu heureuse en rencontre ; et, de mon temps, je suis trompé si les pires escrits ne sont ceux qui ont gaigné le dessus du vent populaire. Certes je rends graces à des honnestes hommes qui daignent prendre en bonne part mes foibles efforts. Il n'est lieu où les fautes de la façon paroissent tant qu'en une matiere qui de soy n'a point de recommandation. Ne te prens point à moy, lecteur, de celles qui se coulent icy par la fantasie ou inadvertance d'autruy ;

---

(1) Montaigne revient sur ce sujet dans un grand nombre de chapitres, par exemple : « De Heraclitus à Dêmocritus », « Des livres », « Du repentir », « De la Vanité », « De la praesumption ».

(2) M. Maurice Rat note ici : « On ne sait à qui Montaigne fait allusion ». Voir *Essais,* notes et variantes, p. 1649 (dans les *Essais,* p. 942, note 2). Il est possible que l'auteur des *Essais* songe à certains interprétateurs qu'il appelle ironiquement « sçavants ». Voir *infra,* p. 123.

chaque main, chaque ouvrier y apporte les siennes. Je ne me mesle ny d'ortografe, et ordonne seulement qu'ils suivent l'ancienne, ny de la punctuation ; je suis peu expert en l'un et en l'autre. Où ils rompent du tout le sens, je m'en donne peu de peine, car aumoins ils me deschargent ; mais où ils en subsistent un faux, comme ils font si souvent, et me destournent à leur conception ils me ruynent. Toutesfois, quand la sentence n'est forte à ma mesure, un honeste homme la doit refuser pour mienne. Qui connoistra combien je suis peu laborieux, combien je suis faict à ma mode, croira facilement que je redicterois plus volontiers encore autant d'essais que de m'assujettir à resuivre ceux-cy, pour cette puerile correction (III : 9, 942).

Montaigne voit le danger d'être interprété par comparaison aux « autres », ce qui lui semble possible à cause de ses nombreux emprunts. Pour décourager ceux qui voudraient chercher en lui un Plutarque ou quelque autre écrivain auquel il emprunte, il distingue et limite les domaines de l'imitation : les ornements. dit-il, s'empruntent mais non pas le génie créatif, l'invention :

L'imitation du parler, par sa facilité, suit incontinent tout un peuple ; l'imitation du juger, d'inventer ne va pas si vite. La plus part des lecteurs, pour avoir trouvé une pareille robbe, pensent très-faucement, tenir un pareil corps. La force et les nerfs ne s'empruntent point ; les atours et le manteau s'emprunte. La plus part de ceux qui me hantent parlent de mesmes les *Essays* : mais je ne sçay s'il pensent de mesmes (I : 26, 172).

Discours littéraire

La raison principale de la difficulté de déchiffrer son œuvre semble provenir du fait que Montaigne est à la recherche d'une écriture « parfaite », c'est-à-dire « fidèle ». Nous savons comment il insiste sur ce mot, et combien de fois il nous assure qu'il ne ment pas. Mais une écriture « parfaite » est-elle possible ? Et si perfection est synonyme de « fidélité » de quelle fidélité est-il question ici ? Montaigne nous dit, explicitement même, que c'est de la fidélité vis-à-vis du sujet qu'il traite. S'il ne le fait pas très bien, qu'un autre le fasse mieux. Tout ce qu'il peut dire ce qu'il s'en porte garant, car jamais un homme ne l'a mieux connu ni exploré que lui-même :

Au moins j'ay cecy selon la discipline, que jamais homme ne traicta subject qu'il entendit ne cogneust mieux que je fay celuy que j'ay entrepris, et qu'en celuy-là je suis le plus sçavant homme qui vive ; secondement, que jamais aucun ne penetra en sa matiere plus avant, ny en esplucha plus particulierement les membres et suites ; et n'arriva plus exactement et plainement à la fin qu'il s'estoit proposé à sa besoingne. Pour la parfaire, je n'ay besoing d'y apporter que la fidelité ; celle là y est, la plus sincere et pure qui se trouve. Je dy vray,

non pas tout mon saoul, mais autant que je l'ose dire ; ... Il
ne peut advenir icy ce que je voy advenir souvent, que l'artizan
et sa besoingne se contrarient.
. . . .

Icy, nous allons conformément et tout d'un trein, mon livre
et moy. Ailleurs, on peut recommander et accuser l'ouvrage à
part de l'ouvrier ; icy, non : qui touche l'un, touche l'autre
(III : 2, 783).

Il s'agit ici de la fidélité non seulement par rapport à l'objet
étudié, (qui est l'homme), et qu'il promet de ne pas déformer (2),
mais encore par rapport à la représentation (3) qu'il veut en donner.

Le problème posé par Montaigne est donc celui de la représentation. Ainsi par exemple, si le savoir de l'écrivain est inconstant,
la fidélité vis-à-vis de l'objet de cette connaissance l'oblige à le
« signaler » comme tel. « Mon stile et mon esprit vont vagabondant
de mesmes », dit-il (III : 9, 873). Nous voilà devant le problème
posé par Montaigne : comment créer une écriture capable de représenter fidèlement l'objet contemplé par l'écrivain.

Cette question était déjà sujet de débats parmi les Anciens :
elle provoque également des discussions parmi les linguistes et
critiques contemporains. Observons comment l'auteur des *Essais*
l'aborde.

Dans l'essai « Des menteurs », Montaigne réfléchit sur une
question que se posait jadis Platon dans le *Phèdre,* elle peut se
formuler ainsi : est-il possible de reproduire fidèlement un conte.
Montaigne ne le pense pas et constate que ceux qui se croient
capables, grâce à leur mémoire, de présenter fidèlement un conte,
sont des menteurs. Il distingue parmi eux ceux qui « inventent
marc [le principal] et tout » et ceux qui « déguisent et alterent
un fons veritable », (I : 9, 36). Les premiers présentent la matière
du conte tout à fait changée :

En ce qu'ils inventent tout à faict, d'autant qu'il n'y a
nulle impression contraire, qui choque leur faucité, ils semblent
avoir d'autant moins à craindre de se mesconter (*Ibid.,* 37).

_____

(1) Ainsi l'homme qu'il interroge ne sera point celui des moralistes ou des
historiens, ceux-ci « veulent nos mascher les morceaux », dit-il. (*Ibid.,* II :
1, p. 397). « Qu'ils nous rendent l'histoire plus selon qu'ils reçoivent que
selon qu'ils estiment. Moy qui suis Roy de la matière que je traicte et qui
n'en dois conte à personne, ne m'en crois pourtant pas du tout ... » (III : 8, 922).
(2) Nous verrons que Montaigne cherche un langage connotatif, non pas
« représentatif », qui représente *l'image de l'objet* non pas l'objet même, qui
se dérobe, comme il le dit. Rappelons ce que dit J.J. Rousseau à ce sujet.
Ce qu'il trouve être un défaut continue précisément la qualité maîtresse et
l'originalité de Montaigne. Voici un passage rapporté par Derrida : « L'écriture
n'est que la représentation de la parole ; il est bizarre qu'on donne plus de
soin à déterminer l'image que l'objet... » (J.-J. Rousseau, « Fragment inédit
d'un essai sur les langues ». Cité par DERRIDA dans *De la Grammatologie,*
Paris, Minuit, 1967, p. 42.)

Les seconds la présentent déformée :

> Lors qu'ils déguisent et changent, à les remettre souvent en ce mesme conte, il est mal-aisé qu'il ne se desferrent (s'embarassent), par ce que la chose, comme elle est, s'estant logée la première dans la memoire et s'y estant empreincte, par la voye de la connoissance, et de la science, il est mal-aisé qu'elle (cette chose) ne se représente à l'imagination, délogeant la fauceté, qui n'y peut avoir le pied si ferme, ny si rassis, et que les circonstances du premier apprentissage, se coulant à tous coups dans l'esprit, ne facent perdre le souvenir des pieces raportées, faulses ou abastardies (*Ibid.*, pp. 36-37).

Dans ce même essai, en parlant de soi-même, Montaigne déclare qu'il n'est homme à qui « il siese si mal de se mesler de parler de memoire ». Ce sont les paroles par lesquelles il commence le chapitre. Il se vante de ce défaut et pense gagner « par là nom et et reputation » (I : 9, 34). Mais quelle est la signification de cet aveu ? Pourquoi dans un essai où il est question « Des menteurs » Montaigne nous parle-t-il de son « incroyable défaut de mémoire » ? (1) La réponse nous est révélée par la distinction qu'il fait entre ceux qui prétendent avoir bonne mémoire et lui-même, qui n'en a pas. La nature a volontiers fortifié en lui d'autres facultés » dit-il, « à mesure que

> cette-cy s'est affoiblie, et irois facilement couchant et allanguissant mon esprit et mon jugement sur les traces d'autruy, comme faict le monde, sans exercer leurs propres forces, si les inventions et opinions estrangieres m'estoient presentes par le benefice de la memoire ;... le magasin de la memoire est volontiers plus fourny de matiere que n'est celuy de l'invention ; si elle (la mémoire) m'eust tenu bon, j'eusse assourdi tous mes amys de babil, les subjects esveillans cette telle quelle faculté que j'ay de les manier et employer, eschauffant et attirant mes discours (*Ibid.*, p. 35).

Montaigne dit ici que s'il avait une bonne mémoire, il aurait fait comme le « monde » ; il aurait suivi les « inventions » et les « opinions » d'autrui. Mais puisqu'il n'a pas de mémoire, la nature a fortifié sa faculté *d'invention* et de *jugement*. Il sous-entend ainsi que par comparaison avec les « menteurs » ses propres contes sont moins faux, car, ne prétendant pas suivre « les traces d'autrui » ils ne promettent pas de donner d'autre matière qu'une qui

---

(1) Voir le commentaire de Maurice Rat. Il signale une variante importante qui se réfère aux lignes par lesquelles Montaigne commence le chapitre « Des menteurs », et où il se vante de son défaut par lequel il pense gagner « nom et reputation » (I : 9, 34). M. Rat nous présente d'abord une variante de 1588. « Les éditions d'avant 1588 ajoutent : « J'en pourrais faire des contes merveilleux, mais pour cette heure il vaut mieux suivre mon thème », et il poursuit : « On trouvera ces contes au Livre II, xvii : De la présomption. Montaigne revient encore sur son « incroyable défaut de mémoire » (I : xxvi : De l'Institution des enfants). » Note de Maurice RAT, *Essais*, notes et variantes, p. 1438 (dans les *Essais*, p. 34, note 6).

est toute sienne, et puisque cette matière personnelle ne s'appuie point sur la connaissance certaine de choses, ne peut-il pas alors la présenter à son propre gré ? C'est en se servant de contes les plus divers qu'il parvient à évoquer l'aspect polyphonique du sujet ondoyant et changeant qu'est l'homme et l'humaine condition et de cette façon s'établit le lien entre la matière et la forme ; c'est dans cette perspective qu'il est possible de parler de « fidélité » entre la littérature et ce qu'elle représente, autrement dit, entre le *langage* (le signe) et la *chose.*

Soulignons, une fois de plus, que cette réflexion, thème fondamental du *Phèdre,* nous la retrouvons dans plusieurs essais de Montaigne. Nous notons que les deux auteurs s'apparentent en effet par leur façon d'envisager ce problème des rapports entre l'*objet* et la *présentation,* quoique Montaigne, qui comme Platon croit que l'art est une *approximation* de la réalité, soit moins méfiant que ne l'est son prédécesseur sur le rôle que le lecteur est appelé à y jouer (1) : celui de médiateur (2) entre l'*artiste* et l'*œuvre,* le *créateur* et la *chose créée.* La confiance de Montaigne est toutefois limitée. Preuve, les mesures qu'il recherche pour faciliter le déchiffrement de son œuvre. Combien de fois répète-t-il, par exemple, que ce qu'il présente n'est pas *certain* mais *possible* ? Combien de fois dit-il qu'il ne faut pas tant s'attacher à la *matière* qu'à la *manière* de son livre ? Et c'est toujours pour faciliter au lecteur la compréhension de son attitude philosophique, de sa conception *relativiste,* qu'il parsème de ces avis ses pages, car sur ce point il s'éloigne de Platon qui croit possible d'atteindre la Réalité Idéale. Reprenons les *Essais.* Voici comment pour donner au lecteur l'idée de ce que peuvent être les attitudes des hommes envers la mort, Montaigne se sert de mythes populaires, donc d'une sorte de contes, ou d'histoires, si l'on préfère. Il peut, de cette façon attirer l'attention sur la diversité du comportement humain. Notons en plus que ces contes qui ne sont point dépourvus de l'humour lui donnent l'occasion de suggérer, par surcroît d'ironie alors, « que le goust de bien et des maux dépend, en bonne partie, de l'opinion que nous en avons (3) ». C'est le titre du chapitre duquel nous citons nos exemples :

---

(1) Car la poésie servait souvent comme source véritable de connaissance. Elle n'avait guère ce prestige en France.

(2) Le chapitre « pour qui écrit-on », dans l'essai « Qu'est-ce que la littérature », de Jean-Paul Sartre, nous paraît-être, sur cette question là l'un des plus pertinents.

(3) Il est intéressant de rappeler à cet endroit que Pierre Charron arrive, en se servant des formules semblables, à prétendre que hors de notre imagination le mal n'existe point. Dépourvu de l'humour, dont sont doués les *Essais,* l'esprit de Charron est bien loin de celui de son prétendu maître. Pourtant ceux qui cherchèrent des rapprochements entre ces deux écrivains n'ont pas hésité à relever des comparaisons de la sorte comme preuves de « l'inséparabililté » entre l'auteur de *La Sagesse* et des *Essais.* Nous présentons dans notre ouvrage sur Charron et Montaigne, à paraître prochainement aux U.S.A., des textes de nos deux écrivains qui contestent sérieusement cette

Chacun a ouy faire le conte du Picard, auquel, estant à l'eschelle, on presenta une garse, et que (comme nostre justice permet quelque fois) s'il la vouloit éspouser, on luy sauveroit la vie : luy, l'ayant un peu contemplée, et apperçeu qu'elle boitoit : « Attache, attache, dict-il, elle cloche. » Et on dict de mesme qu'en Dannemarc un homme condamné à avoir la teste tranchée, estant sur l'eschaffaut, comme on luy presenta une pareille condition, la refusa, parce que la fille qu'on luy offrit avoit les joues avallées et le nez trop pointu. Un valet à Toulouse, accusé d'heresie, pour toute raison de sa creance se rapportoit à celle de son maistre, jeune escholier prisonnier avec luy ; et ayma mieux mourir que se laisser persuader que son maistre peust faillir. Nous lisons de ceux de la ville d'Arras, lors que le Roy Loys unziesme la print, qu'il s'en trouva bon nombre parmy le peuple qui se laisserent pendre, plustost que de dire : « Vive le Roy ! » (I : 14, 51).

Et voici Montaigne qui nous dit que le contenu de ses « histoires » n'a parfois pas de signification. C'est une façon de mettre en garde ceux qui en voudraient tirer leçon de vérité :

Et combien y ay-je espandu d'histoires qui ne disent mot, lesquelles qui voudra espelucher un peu ingenieusement, en produira infinis *Essais*. Ny elles, ny mes allegations ne servent pas tousjours simplement d'exemple, d'authorité ou d'ornement. Je ne les regarde pas seulement par l'usage que j'en tire. Elles portent souvent, hors de mon propos, la semence d'une matiere plus riche et plus hardie, et sonnent à gauche un ton plus délicat, et pour moy qui n'en veux exprimer d'avantage, et pour ceux qui rencontreront mon air (I : 40, 245).

Dire que celui qui voudra « espelucher un peu ingenieusement » ses « histoires » en produira « infinis 'Essais' », prouve justement que Montaigne n'attache point d'importance aux faits particuliers que ces « histoires » contiennent, mais à ce qu'elles *suggèrent* et que ses « essais » ne garantissent pas la vérité, puisqu'il ne la connaît point. La valeur intrinsèque de tout cet argument repose sur le refus du mensonge, le refus du conformisme idéologique :

Il est bien aisé ; sur des fondemens avouez (postulats), de bastir ce qu'on veut ; car, selon la loy et ordonnance de ce commencement, le reste des pieces du bastiment se conduit ayséement, sans se démentir. Par cette voye nous trouvons notre raison bien fondée, et discourons à boule veue (facilement) ; car nos maistres praeoccupent (sic) et gaignent avant main autant de lieu en nostre creance qu'il leur en faut pour conclurre après ce qu'ils veulent, à la mode des Geometriens, par leurs demandes avouées (axiomes) ; le consentement et approbation que nous leur prestons leur donnant dequoy nous trainer à gauche et à dextre, et nous pyroueter à leur volonté (1) (II : 12, 521-522).

---

notion de « l'inséparabilité », Nous avons déjà signalé notre récent article qui traite de cette théorie.

(1) Ici Montaigne décrit la façon d'argumenter qui est très caractéristique de Charron.

Le monarque de la doctrine moderne, a-t-il dit, est Aristote. Personne n'ose mettre en doute ses idées. Pourtant sa doctrine est aussi fausse qu'une autre. Comme il le dit

> Toute presupposition humaine et toute enunciation a autant d'authorité que l'autre, si la raison n'en faict la différence. Ainsin il les faut toutes mettre à la balance ; et premierement les generalles, et celles qui nous tyrannisent. L'impression de la certitude est un certain tesmoignage de folie et d'incertitude extreme ; et n'est point de plus folles gens, ny moins philosophes que les *philodoxes* (1) de Platon (*Ibid.*, 522).

Au contraire, les idées de Montaigne sur l'homme relèvent d'une réalité *vécue*. La forme qu'il adapte, comme nous l'avons déjà dit, les représente fidèlement. Puisque les critiques contemporains sont préoccupés par la question que pose la représentation de l'objet contemplé par l'écrivain, référons-nous encore à Roland Barthes, qui nous aide à élucider la position de Montaigne vis-à-vis de ce problème.

D'après Barthes, un écrivain doit « imposer un au-delà du langage », et pour le faire, il doit se servir de « signes » qui lui permettront de créer une écriture connotative, car le discours d'un écrivain, à la différence du discours idéologique, *dit ce qu'il dit* mais aussi *qu'il est littérature*. Barthes insiste ici sur deux notions importantes : sur la différence d'*intention* dans les deux genres de discours, et sur la différence de la *forme* que chacun d'eux nécessite. Notons l'importance qu'il attache au langage connotatif, le seul, semble-t-il, qui puisse se plier aux exigences du discours littéraire : c'est que par sa force suggestive — sa qualité primordiale — elle s'adapte parfaitement à cette matière du discours littéraire, qui, à la différence d'un discours idéologique, n'a pas la prétention de dire *vrai*, mais vise à *suggérer* plutôt le *possible*.

Pour mettre en relief la nature de son discours Montaigne insiste (déjà dans le premier livre), conformément à sa méthode de présenter ses arguments, sur la différence entre le discours des autres écrivains et le sien :

> Il y a des autheurs desquels la fin c'est dire les evenemens. La mienne, si j'y sçavoye advenir, seroit dire sur ce qui peut advenir (I : 22, 104).

Ou encore (dans le second livre) :

> Je ne sçay faire valoir les choses pour le plus que ce qu'elles valent (II : 17, 620).

---

(1) Platon nomme ainsi les gens opiniâtres. (Cf. *République*, V. Voir *Essais*, notes et variantes, p. 1567, dans *les Essais*, p. 522, note 3).

Dans ces passages Montaigne parle de la nature de son discours, mais en ajoutant : « ma façon n'ayde rien à la matiere », (*Ibid.*) il nous renseigne également sur la forme de son art.

Dans d'autres passages encore il nous renseigne sur son art. Cette fois, c'est en visant le discours de Cicéron et en montrant la différence entre ce fameux rhéteur-politicien et lui-même :

> Pour moy, qui ne demande qu'à devenir plus sage, non plus sçavant ou eloquent, ces ordonnances logiciennes et Aristoteliques ne sont pas à propos ....
> Ny les subtilitez grammairiennes, ni l'ingenieuse contexture de parolles et d'argumentation n'y servent ; je veux des discours qui donnent la premiere charge dans le plus fort du doubte » (II : 10, 393).

En cherchant à indiquer le doute, son discours se distingue donc du discours idéologique. « Les siens », dit-il, toujours à propos de Cicéron, « languissent autour du pot. Ils sont bons pour l'escole, pour le barreau et pour le sermon... » (*Ibid.*).

Cherchant toujours à marquer sa rupture avec la tradition et par là à insister sur la dissemblance entre son discours et celui des autres écrivains, Montaigne demande au lecteur de ne pas le confondre avec eux : « les autres forment l'homme ; je le récite » [l'expose]. Il dit ailleurs : « Je n'enseigne poinct, je raconte » (III : 2, 784), c'est-à-dire qu'il observe sans la juger. Il demande qu'on ne le confonde pas avec les grammairiens, qui parlent « babil », avec les biographes qui veulent glorifier un sujet, avec les orateurs qui tyrannisent l'auditoire (III : 2, 397). Les autres ne font pas de « littérature », ils veulent présenter une vérité (historique, religieuse, morale ou philosophique). C'est pourquoi Montaigne conseille de s'attacher autant à la « matière » qu'à la « manière ». C'est un refrain qui se répète et qu'un lecteur de Montaigne peut difficilement oublier. Ceci veut dire que ses idées ne peuvent pas être considérées séparément de la forme par laquelle elles se communiquent au lecteur. « Mon humeur est de regarder autant à la forme qu'à la substance, autant à l'advocat qu'à la cause, comme Alcibiades ordonnoit qu'on fit. » (III : 8, 906.)

Barthes semble encore ici être d'accord avec Montaigne quand il déclare que « c'est là où l'Histoire est refusée qu'elle [la littérature] agit le plus clairement » (1), car c'est pour signaler que son œuvre est « littéraire » que Montaigne prend tant de peine à se dissocier des Historiens ; ils produisent des langages idéologiques, ils ne font pas de littérature.

Les historiens selon Montaigne, tirent leurs connaissances de plusieurs sources. Les uns, du raisonnement abstrait ; ils se rangent alors parmi les métaphysiciens ; ils peuvent être et moralistes et

_____
(1) Barthes, *Le Degré...*, « Introduction », p. 9.

philosophes, et historiens, tout à la fois, comme Aristote par exemple. Les autres tirent leurs connaissances des apparences : en observant les mœurs et les actions ils en déduisent des idées générales sur l'homme et la société, et les communiquent comme vraies. Ils sont aussi dogmatiques que les premiers, car « veu la naturelle instabilité de nos meurs [sic] et opinions », dit Montaigne :

> ...Il m'a semblé souvent que les bons autheurs mesmes ont tort de s'opiniastrer à former de nous une constante et solide contexture. Ils choisissent un air universel, et suyvant cette image, vont rengeant et interpretant toutes les actions d'un personnage, et, s'ils ne les peuvent pas assez tordre, les vont renvoyant à la dissimulation (II 1, 315).   :

Il y a aussi des historiens qui, servant une cause politique, déforment même ce qu'ils connaissent et ne disent que ce qui peut leur être utile :

> Ils veulent nous mascher les morceaux... car, depuis que le jugement pend d'un costé, on ne se peut garder de contourner et tordre la narration à ce biais. Ils entreprenent de choisir les choses dignes d'estre sçeues, et nous cachent souvent telle parole, telle action privée, qui nous instruiroit mieux ; obmetent pour choses incroyables, celles qu'ils n'entendent pas, et peut estre encore telle chose, pour ne la sçavoir dire en bon Latin ou François (II : 10, 397).

Dans ce passage, Montaigne exprime l'indignation que lui inspire l'historien-moraliste. Il s'agit, évidemment, surtout de ses contemporains (1) : la dernière phrase les vise directement. Montaigne pense que les historiens qui jugent d'après leur propre entendement prennent pour choses incroyables tout ce qu'ils ne peuvent comprendre. L'imperfection de leur jugement a donc plusieurs causes. Déjà leur engagement ne leur permet guère de révéler tout ce qui se présente à leur esprit car ils servent une cause politique. La réalité que nous présente l'historien souffre aussi de l'imperfection de celui qui la juge : croire qu'une chose est incroyable est souvent ne pas la comprendre. Nous remarquons également, dans ce même passage, qu'il est question de la subjectivité du jugement ; le but de Montaigne est d'attirer l'attention sur le problème des critères. Celui qui juge et veut livrer son critère à autrui doit dire tout sans altérer les faits. Que les historiens décident à leur guise, dit-il, mais qu'ils ne prennent pas l'autorité de nous imposer leur vérité :

---

(1) D'aucuns, en lisant notre étude, nous reprocheront peut-être de n'avoir pas mentionné des historiens-moralistes de la Renaissance que pouvait viser Montaigne. Si nous ne l'avons pas fait c'est que notre but, en relevant la critique adressée par Montaigne aux historiens-moralistes, était de montrer que cette critique servait à notre auteur d'exemples, il voulait, en contrastant le discours de l'historien-moraliste d'avec le sien, montrer la *différence* entre lui-même et les autres. Parler des historiens-moralistes pour d'autres raisons que celles que nous nous sommes proposées, risquerait de détourner l'attention du lecteur de notre projet et de rompre l'unité de notre étude.

> ...qu'ils n'alterent ny dispensent, par leurs racourcimens et par leur chois, rien sur le corps de la matiere, ains, qu'ils nous la r'envoyent pure et entiere en toutes ses dimentions (II : 10, 397).

Montaigne préfère déjà les historiens « simples », car même sans souci de comprendre ils s'efforcent

> de r'amasser tout ce qui vient à leur notice, et d'enregistrer à la bonne foy toutes choses sans chois et sans triage, nous laissent le jugement entier pour la cognoissance de la vérité (*Ibid.,* 396).
>
> C'est la matiere de l'Histoire, nue et informe ; chacun en peut faire son profit autant qu'il a d'entendement (*Ibid.,* 397).

Une fois de plus, le but de Montaigne est de rester fidèle au sujet qu'il interroge. Ici encore il rompt avec les traditions de ses contemporains, et lie directement le problème du langage au problème de la connaissance, thème qui se répète de manière continue. Enfin, dans ce passage, et maints autres, Montaigne affirme que la vérité est relative, qu'elle dépend de la raison de celui qui juge.

Quel droit a donc l'écrivain de « trier » les faits ? Qu'il laisse le souci d'entendement au lecteur. « Les biens excellens [historiens]... peuvent trier de deux rapports « celuy qui est le plus vraysemblable ; de la condition des Princes et de leur humeurs, ils en concluent les conseils et leur attribuent les paroles convenables. Ils ont raison », dit Montaigne, « de prendre l'authorité de regler nostre creance à la leur, mais certes cela n'appartient à guieres de gens » (*Ibid.*).

Enfin, contrairement à Aristote, pour qui « l'exemple » constitue une preuve de vérité, pour Montaigne « tout exemple cloche, et la relation qui se tire de l'expérience est toujours défaillante et imparfaicte » (III : 13, 1047). C'est pourquoi Montaigne ne cherche pas de similitudes. Il est « justement permis aux escholes de supposer des similitudes, quand ilz n'en ont point », dit-il.

« Je n'en fay pas ainsi pourtant, et surpasse de ce costé là en religion superstitieuse toute foy historialle... Ma conscience ne falsifie pas un iota, ma science je ne sçay. » (I : 22, 104.)

Ces propos, qui se rapportent aux réflexions concernant la fidélité, nous aident à présent à apprécier pleinement le concept portant sur le lien entre l'objet et la représentation, le *contenu* et la *forme.*

C'est encore un aspect de la fidélité envers l'objet étudié. Dire qu'il ne sait pas si sa « conscience », elle, « falsifie », c'est rappeler que tout exemple qui se tire de l'expérience est défaillant (III : 13, 1047), qu'il n'y a pas, en d'autres termes, d'écriture parfaite, car la connaissance, tout comme la vérité humaine, est relative ; et il en est de même pour les écritures. Elles varient avec le but que l'écrivain se propose.

Les signes littéraires sur lesquels repose l'art de Montaigne ont justement cette liberté qui permet à l'écrivain de « transformer » sa matière première. Par la suite, « qui en voudroit bastir un corps entier et s'entretenant », suggère Montaigne,

> il ne faudroit qu'il fournit du sien que la liaison, comme la soudure d'un autre métal ; et pourroit entasser par ce moyen force veritables evenemens de toutes sortes, les disposant et diversifiant, selon que la beauté de l'ouvrage le requerroit, à peu près comme Ovide a cousu et r'apiecé sa *Métamorphose* (1), de ce grand nombre de fables diverses (II : 35, 728).

Rappelons encore les propos de Barthes. Cet « ensemble de signes » qui s'impose comme *littérature* est « un ordre sacral des signes écrits », dit-il :

> ...qui pose la littérature comme une institution et tend évidemment à l'abstraire de l'Histoire, car aucune clôture ne se fonde sans une idée de pérennité ; or c'est là où l'Histoire est refusée qu'elle agit le plus clairement (2).

Les signes littéraires semblent justement avoir ceci de particulier, que la seule contrainte qu'ils acceptent est la « fidélité » envers l'objet étudié, comme le souligne Montaigne.

Comme telle, une écriture littéraire (à la différence d'une écriture historique), qui transpose un univers (celui de l'écrivain) sans penser au service qu'elle peut rendre, est capable de changement, d'innovation toujours renouvelée. Ne peut-on dire alors, à propos de ce qu'on appelle dans la stylistique « le renouvellement du cliché », que le cliché est « l'Histoire », au sens barthien et le « renouvellement » la partie de l'écriture qui annonce « le nouveau partage » ? Et la connotation, qui est le « développement d'un sens second » comme dit encore Barthes, ne trouve-t-elle pas son emploi dans le langage vanté par Montaigne ? Que Montaigne ait été pleinement conscient du fait que, pour transmettre son message, l'écrivain est forcé de créer un nouveau langage, se voit encore dans ses propos concernant les Pyrrhoniens :

> Je voy les philosophes Pyrrhoniens qui ne peuvent exprimer leur generale conception en aucune maniere de parler ; car il leur faudrait un nouveau langage. Le nostre est tout formé de propositions affirmatives, qui leur sont du tout ennemies. De façon que, quand ils disent : « je doubte » on les tient incontinent à la gorge pour leur faire avouer qu'au moins assurent

---

(1) On lit ici, dans les éditions parues du vivant de l'auteur : « et comme Arioste a rangé en une suite » (ceci vient après « Métamorphose » note 2, p. 728).
(2) BARTHES, *Le Degré...*, p. 9.

et sçavent ils cela, qu'ils doubtent. Ainsi non les a contraints de se sauver dans cette comparaison de la medecine, sans laquelle leur humeur seroit inexplicable ; quand ils prononcent : « J'ignore », ou « Je doubte », ils disent que cette proposition s'emporte elle mesme, quant et quant le reste, ny plus ne moins que la rubarbe qui pousse hors les mauvaises humeurs et s'emporte hors quant et quant elle mesmes. Cette fantasie est plus seurement conceuë par interrogation : « Que sçay-je » ? Comme je la porte à la devise d'une balance (II : 12, 508).

Disons enfin, que si Montaigne oppose son art à celui de l'historien, c'est qu'il veut surtout « signaler » le divorce entre le discours *idéologique* et le discours *littéraire*. Rappelons-nous que dans la rhétorique d'Aristote l'art est au service des idéologies, de la politique en particulier.

L'écriture de Montaigne est une écriture de choix *conscient* ; s'il représente la réalité par la « fable » c'est que la souplesse de cette forme permet la suggestion, les « sauts » et « gambades », dont il parle. C'est pourquoi il préfère « le langage poétique », « l'air de sa fureur » (III : 9, 973) (il fait sans doute allusion à Ion). Nous avons vu que Montaigne se réfère souvent aux dialogues platoniciens et aux réflexions qu'on y trouve sur le rapport entre le langage et la représentation :

> Le poëte, dict Platon, assis sur le trepied des Muses, verse de furie tout ce qui luy vient en la bouche, comme la gargouille d'une fontaine, sans le ruminer et poiser, et luy eschappe des choses de diverse couleur, de contraire substance et d'un cours rompu. Luy-mesmes est tout poëtique, et la vieille théologie poësie, disent les sçavants, et la premiere philosophie. C'est l'originel langage des Dieux (*Ibid.*, 973-974).

Aussi le poète présente les choses « de diverse couleur, de contraire substance et d'un cours rompu », sa matière n'est pas « arrangée » elle est riche et complexe. La dernière phrase de ce passage fait allusion à Homère. Avant de vanter le langage poétique de Platon, Montaigne souligne, en effet, la grandeur d'Homère qu'il range parmi les trois « plus excellens hommes » (1). « Ses parolles », dit Montaigne, « sont les seules parolles qui ayent mouvement et action... » (II : 36, 731), son œuvre est « de toute espece de suffisance... » (*Ibid.*, 730.)

> Si on me demandoit le chois de tous les hommes qui sont venus à ma connoissance, il me semble en trouver trois excellens au dessus de tous les autres.
> L'un Homere. Non pas qu'Aristote ou Varro (pour exemple) ne fussent à l'adventure aussi sçavans que luy, ny possible encore qu'en son art mesme Vergile ne luy soit comparable ; je le laisse à juger à ceux qui les connoissent tous deux. Moy

_____

(1) Ceci fait partie du titre du chapitre XXXVI, Livre II : « Des plus excellents hommes ».

qui n'en connoy que l'un, (1) puis dire cela seulement selon ma portée, que je ne croy pas que les Muses mesmes allassent au delà du Romain.

Toutefois, en ce jugement, encore ne faudroit il pas oublier que c'est principalement d'Homere que Vergile tient sa suffisance ; que c'est son guide et maistre d'escole, et qu'un seul traict de l'Iliade a fourny de corps et de matiere à cette grande et divine Eneide (*Ibid.,* 730).

Et voici Montaigne qui met Homère au-dessus de l'humaine condition : c'est le poète des poètes. Quelles sont les raisons de ces extraordinaires éloges :

Ce n'est pas ainsi que je conte : j'y mesle plusieurs autres circonstances qui me rendent ce personnage admirable, quasi *au dessus de l'humaine condition* (2).

Et, à la vérité, je m'estonne souvent que luy, qui a produit et mis en credit au monde plusieurs deitez par son auctorité, n'a gaigné reng de Dieu luy mesme. Estant aveugle, indigent, estant avant que les sciences fussent rédigées en regle et observations certaines, il les a tant connues que tous ceux qui se sont meslez depuis d'establir des polices (gouvernements), de conduire guerres, et d'escrire ou de la religion ou de la philosophie, en quelque secte que ce soit, ou des ars (arts) se sont servis de luy comme d'un maistre très-parfaict, en la connoisance de toutes choses, et de ses livres comme d'une pepiniere de toute espece de suffisance (Ibid.) . . . .
. . . .
C'est contre l'ordre de nature (2) qu'il a faict la plus excellente production qui puisse estre ; car la naissance ordinaire des choses, elle est imparfaicte ; elles s'augmentent, se fortifient par l'accroissance ; l'enfance de la poësie et de plusieurs autres sciences, il l'a rendu meure, parfaicte et accomplie. A cette cause, le peut on nommer le premier et dernier des poëtes, suyvant ce beau tesmoignage que l'antiquité nous a laissé de luy, que, n'ayant eu nul qu'il peut imiter avant luy, il n'a eu nul après luy qui le peut imiter. Ses parolles, selon Aristote, sont les seules parolles qui ayent mouvement et action ; ce sont les seuls mots substantiels (*Ibid.,* 731).

Il est à noter que Montaigne vante Homère pour deux raisons essentielles : 1) pour avoir été maître parfait « en la connaissance de toutes choses » bien avant que les « sciences fussent rédigées en regle et observation certaines », autrement dit, bien avant que les hommes aient « trié » les choses de ce monde ; 2) pour avoir présenté son livre comme « une pépinière de toute espece de suffisance », c'est-à-dire comme un microcosme, qui contient tout objet de connaissance, qui reflète l'univers avec toute sa complexité animée.

------

(1) Virgile, Montaigne ne connaît pas le grec, il a donc lu Homère en traduction. Dire qu'il ne le « connait » pas c'est, comme il le fait d'habitude, forcer sa modestie. Même s'il l'a lu en traduction, il jugera de son art par ses propres forces plutôt, comme il aime le dire, que par celle d'autrui.

(2) Nous soulignons.

Ainsi Montaigne met en relief, encore dans ces passages, les deux éléments essentiels de l'art : le contenu et la forme, en montrant que c'est l'art fabuleux d'Homère qui était le seul capable de « figurer » la diversité infinie du monde et la diversité des conduites humaines, le mouvement et l'action (1).

------

(1) Au moment où nous venons de terminer cette étude, nous prenons connaissance d'un excellent ouvrage sur la fortune d'Homère en France au XVIIᵉ siècle. L'auteur cite sous le titre « Homère, Prince des Poètes », un ouvrage qui se distingue par l'intérêt, un peu plus précis, qu'il porte sur « les mérites *littéraires* (nous soulignons) d'Homère ». Cet auteur s'était inspiré de Montaigne et si, à la question que se pose l'auteur du '*Homère en France* ...' : « si nous souhaitons lire des choses un peu plus précises sur les mérites littéraires d'Homère, en trouverons-nous ? » (p. 128), sa réponse « n'est pas entièrement négative », c'est « grâce à Pierre de Deimier qui, dans l'*Académie de l'Art poétique*, s'est efforcé de construire un éloge du poète un peu circonstancié, encore qu'il reste dans les généralités. Deimier loue Homère pour « tant de belles et particulières inventions ». (Noémi Hepp, *Homère en France au* XVIIᵉ *siècle*, Paris, éd. Klincksieck, 1968, p. 128.)

A la page 132 nous lisons quelques précisions sur les circonstances de cet éloge : « ... Pierre de Deimier interrompt son *Académie de l'Art poétique* par un long résumé de ce que Montaigne a écrit sur Homère dans le chapitre des *Essais* où il fait de lui l'un des « trois plus excellens hommes », et il justifie ainsi cette inclusion : « Mais d'autant que les œuvres d'Homère sont d'une grande recommandation, il ne sera que bien convenable d'apporter encore ici quelque chose à l'honneur de ce prince des poètes... » (*Ibid.*, p. 132.)

Mlle Hepp signale aussi une autre source, celle de l'auteur du *Discours en forme de comparaison sur les vies de Moïse et Homère*, qui, lui aussi, d'après Mlle Hepp, s'était inspiré de Montaigne et « par endroits le copie textuellement pour ne rien dire des idées qu'il lui emprunte un peu partout ». (Voir *ibid.* p. 87, note 26.)

Chapitre VIII

LE MONDE ET LE THEATRE : REALITE ET FORME

Comme nous l'avons déjà remarqué, Montaigne voit le rapport entre l'activité humaine et le pouvoir du langage et comme son champ d'observation englobe l'univers entier, il lui faut utiliser des *signes* divers, capables de les plier à la matière. Le monde des *Essais* s'étend de l'antiquité jusqu'à son temps (1). C'est donc un quasi microcosme qu'il reproduit sur une scène de théâtre (son œuvre) (2).

Sur cette scène du monde se jouent « des jeux tragiques de l'humaine fortune » (3). Tout le monde y joue un personnage, car comme dit Montaigne, « quelque personnage que l'homme entrepraigne, il joue tousjours le sien parmy » (*Ibid.*, 80). Ce thème réapparaît fréquemment dans les *Essais* (4).

En effet, du point de vue de la conception esthétique de la « mimesis », le monde des *Essais* peut être vu comme un théâtre qui nous envoie des signes, qu'il s'agit de déchiffrer. Contrairement

---

(1) Voir *infra,* p. 113.

(2) Et si nous voulons nous référer à l'article de M. Bogatyrev, que nous avons signalé plus haut (*supra,* p. 67, note 3), nous appellerons ce monde des *Essais, le signe de signe de l'objet* (ou, de la chose, si l'on préfère). Les *Essais* étant le *signe,* qui renvoie à un *autre signe* (le théâtre), qui renvoie à *l'objet* auquel il se réfère : la *réalité.* Expliquons : M. Bogatyrev soutient que l'analyse des systèmes sémantiques de la langue théâtrale utilisée par l'acteur en scène, montre que tous ces signes apparaissent aussi, bien que peu fréquemment, dans d'autres types de langage poétique (le roman, la nouvelle, etc.). Petr Bogatyrev, « Les signes du théâtre », p. 525. Il déclare que « Toutes les manifestations théâtrales sont « des signes de signes ou des signes de choses », *Ibid.,* p. 529. C'est ainsi, en suivant cette terminologie, que nous pouvons appeler ce que nous nommons dans notre étude la « métaphore de théâtre », le « signe de signe de l'objet ».

Voici un autre passage du même article qui se réfère à cette même idée : « Je voudrais faire ici une remarque sur les manifestations folkloriques. Celles-ci — chansons, histoires, formules magiques, etc. — se rapprochent des manifestations dramatiques. » *Ibid.,* p. 528.

(3) « Si cherchons nous avidement de recognoistre en ombre mesme et en la fable des Theatres la montre des jeux tragiques de l'humaine fortune » (III : 12, 1023).

(4) Voir le chapitre « Le masque et le jeu ».

pourtant au spectacle théâtral, où l'on reçoit plusieurs informations en même temps, venues du décor, du costume, de l'éclairage, de la place des acteurs, de leurs gestes, le spectacle de Montaigne a ceci de particulier que ces informations nous sont transmises par des signes linguistiques. Mais ici le lecteur a l'ayantage de pouvoir revenir au texte autant de fois qu'il le souhaite pour vérifier si aucun signe ne lui a échappé. Les *Essais* qui forment cette sorte de polyphonie des signes informationnels sur le Monde doivent être reconnus et assemblés. Mais c'est encore Montaigne qui le dit :

> Comme, en un concert d'instruments, on n'oit pas un lut, une espinette et la flutte, on oyt une harmonie en globe, l'assemblage et le fruit de tout cet amas... Ce n'est pas assez de compter les experiences, il les faut poiser et assortir et les faut avoir digerées et alambiquées, pour en tirer les raisons et conclusions qu'elles portent (III : 8, 909).

Chaque fois que Montaigne interrompt sa pensée par une « disgression » sur un événement d'actualité courante, une « fable », ou encore par un « exemple » personnel, ces procédés expriment un certain *parti-pris,* non seulement sur son art, mais sur l'homme et sur le monde. Celui qui ne voit pas ce qu'il fait conclura : la profondeur de son sens par « l'obscurité », dit-il, prophétiquement (1) : C'est le langage poétique, comme nous l'avons déjà dit (2), qui lui convient le mieux pour signifier ce parti-pris :

> Cette farcisseure est un peu hors de mon theme. Je m'esgare mais plustost par licence que par mesgarde. Mes fantasies se suyvent, mais par fois c'est de loing, et se regardent, mais d'une veuë oblique. J'ay passé les yeux sur tel dialogue de Platon, mi party d'une fantastique bigarrure, le devant à l'amour tout le bas à la rhetorique. Ils ne creignent point ces nuances, et ont une merveilleuse grace à se laisser ainsi rouler au vent, ou à le sembler (III : 9, 973).

Le langage poétique lui paraît être le seul qui possède cette qualité souple et connotative qu'exige la nature d'un objet contemplé par un poète ; un objet qui ne se laisse jamais totalement connaître (3) ; qui se dérobe même au regard de son créateur. On ne s'étonne donc pas que ce soit le langage de Platon qui ait attiré l'attention de Montaigne, qui lui-même est poète.

Le spectacle qui se joue devant nous ne relève donc pas uniquement de la psychologie de l'auteur, de sa « philosophie » ou de

---

(1) Voir *supra,* p. 94.
(2) *Supra,* pp. 105-106.
(3) Nous avons vu (*supra,* p. 106), que Montaigne vantait Homère, qui, par son art suggestif, pouvait rendre les objets de sa connaissance plus vrais, car plus éloignés de la réalité observée. Dans cette conception nous reconnaissons encore la théorie de la « mimesis ». « Platon insiste sur le fait qu'un vrai poête ne devrait pas composer des « arguments », mais des « contes » (Ph. 6 iB) in *Plato II : Ethics Politics, and Philosophy of Art and Religion,* p. 265.

son émotion, mais principalement de sa technique de la signification (1). Montaigne a pressenti la relativité des systèmes sémantiques, c'est pourquoi il en parle si longuement dans ses *Essais*. Il
nous a dit que son langage a de la valeur en tant qu'instrument
pour communiquer ce qu'il veut communiquer, et que pour
atteindre ce but il ne se sert pas de signes conventionnels car le
langage doit communiquer par sa validité, non pas par sa vérité ;
de plus, ce langage est tributaire d'une certaine forme d'esprit.
Ainsi dit-il :

> Je vais au change, indiscrettement et tumultuairement. Mon
> stile et mon esprit vont vagabondant de mesmes. Il faut
> avoir un peu de folie, qui ne veut avoir plus de sottises, disent
> et les preceptes de nos maistres et encore plus leur exemples
> (2) ... C'est l'indiligent lecteur qui pert mon subject, non pas
> moy (III : 9, 973).

De sorte que changer les signes, c'est donner à la réalité que
l'on aperçoit ou à la vérité « naifve », comme dit Montaigne, une
nouvelle forme — c'est exactement ce qui définit l'art — et fonder
ce « nouveau partage » non pas sur les lois naturelles (Aristote),
mais bien au contraire, sur la liberté qu'ont les hommes de faire
signifier les choses. Et encore ici laissons parler Montaigne lui-
même :

> Moy-mesme, qui faicts singuliere conscience de mentir et
> qui ne me soucie guiere de donner creance et authorité à ce
> que je dis, m'apperçoy toutesfois, aux propos que j'ay en main,
> qu'estant eschauffé ou par la resistance d'un autre, ou par la
> propre chaleur de la narration, je grossis et enfle mon subject
> par vois, mouvemens, vigueur et force de parolles, et encore
> par extention et amplification, non sans interest de la verité
> nayfve. Mais je le fais en condition pourtant, qu'au premier qui
> me rameine et qui me demande de la verité nue et cruë, je
> quitte soudain mon effort et la luy donne, sans exaggeration,
> sans emphase et remplissage. La parole vive et bruyante, comme
> est la mienne ordinaire, s'emporte volontiers à l'hyperbole (3).
> (III : 11, 1005.)

C'est ainsi que Montaigne peut se servir des signes les plus
propres à rendre sa matière « des mœurs et mouvements » plus
intelligible. Il faut ajouter que son langage est un langage d'interrogation (4) ; il sert à formuler non à guider. C'est pourquoi tous

---

(1) Ce sujet est traité dans plusieurs endroits de cet essai : voir surtout
la discussion au sujet de la « techné » de Montaigne dans le chapitre VII
de cette étude.

(2) Allusion à Platon et à Homère. Pour la discussion à ce sujet, voir
supra, chapitre VII. Dans le chapitre « De la vanité », il fait des éloges de
la poésie, cet art « volage » et « demoniacle ».

(3) Voici la distinction que fait Montaigne entre le langage qui communique
par sa validité (art) et celui qui communique par sa vérité « nue et crüe »
(sans ornements). On peut dire que ce passage constitue déjà, indépendamment de toutes les convergences qui s'ajoutent pour le confirmer, l'esthétique
des Essais.

(4) Voir page suivante.

les chapitres, qui forment ensemble ce monde spectaculaire des significations des *Essais* ne se terminent pas de façon conclusive. Son but est de mettre le lecteur en présence de sa conscience. Comme il le dit lui-même :

> De conclurre par la suffisance d'une vie particulière quelque suffisance à l'usage public, c'est mal conclud ; tel se conduict bien qui ne conduict pas bien les autres et faict des *Essais* qui ne sauroit faire des effects... (III : 9, 971).

Et encore :

> Puisque je ne puis arrester l'attention du lecteur par le pois, « *manco male* » s'il advient que je l'arreste par mon embrouilleure (*Ibid.*, 974).

Ainsi par ce langage Montaigne interroge sans conclure. Platon, qu'il admire, l'avait déjà précédé dans cette voie par l'emploi du style dialogique. Nous connaissons la prédilection de Montaigne pour cette forme littéraire. Dans un passage de « l'Apologie de Raimond Sebond » au sujet de la méthode socratique, il observe que certains auteurs « ont une forme d'escrire douteuse en substance et un dessein enquerant plustost qu'instruisant... » (II : 12, 489). Il trouve pourtant « qu'ils entresement leur stile de cadences dogmatistes ». Mais parlant directement du dialogue il observe : « Platon me semble avoir aymé cette forme de philosopher par dialogues, à escient, pour loger plus decemment en divers bouches la diversité et la variation de ses propres fantasies. » (*Ibid.*, pp. 489-490.)

Or, le dialogue s'allie parfaitement avec sa méthode qui est de « s'enquérir » plutôt que d'instruire.

> Aussi ne fay-je profession de sçavoir la vérité, et d'y atteindre. J'ouvre les choses plus que je ne les descouvre. (*Ibid.*, 480).

Nous avons vu comment il insistait sur son projet d'interroger, et de montrer la diversité humaine. En cela, il semble vouloir se dissocier de Socrate dont le dessein — bien qu'il utilisât le dialogue pour interroger — était d'instruire : Socrate suggérait la réponse, il affirmait, il croyait en une vérité durable bien qu'il nous paraisse avoir douté parfois.

L'être et le paraître

Nous avons dit que le monde des *Essais* peut être comparé à celui du théâtre. Voici des passages qui nous révèlent ce que Montaigne, lui-même, pensait de cette comparaison. Notons d'abord que ce monde humain qu'il veut peindre, est un monde en devenir,

et c'est à la totalité de l'expérience et de l'observation que s'applique
par excellence la métaphore de théâtre. « Mon livre est toujours
un » (III : 10, 941), dit-il, mais il dit aussi qu'il ne peint pas
« l'estre ». « Je peints le passage : non pas un passage d'aage en
autre, ou, comme dict le peuple, de sept à sept ans, mais de jour
en jour, de minute en minute. Il faut accommoder mon histoire à
l'heure. Je pourray tantost changer, non de fortune seulement, mais
aussi d'intention » (III : 2, 782). Observons que, pour présenter
ainsi son sujet, Montaigne fait parler à la « Nature » le vocabulaire
du théâtre.

> Et, au pis aller, la distribution et varieté de tous les actes
> de ma comedie se parfournit en un an. Si vous avez pris
> garde au branle de mes quatre saisons, elles embrassent l'en-
> fance, l'adolescence, la virilité et la vieillesse du monde (I :
> 20, 92).

Ce vocabulaire du théâtre révèle, en effet, sa familiarité avec
la conception esthétique qui utilise cette forme comme représentation de la réalité. Par ailleurs, utilisant ainsi le vocabulaire
du théâtre, Montaigne nous dit que l'on ne peut juger du caractère d'un homme « qu'on ne luy aye veu joüer le dernier acte de
sa comédie, et sans doute le plus difficile », (I : 19, 78), car

> En tout le reste il y peut avoir du masque... à ce dernier
> rolle de la mort et de nous, il n'y a plus que faindre,
> il faut parler François, il faut montrer ce qu'il y a de bon et
> de net dans le fond du pot (Ibid.).

Cette analogie nous l'avons rencontré dans le chapitre « De
mesnager sa volonté ». Dans le contexte de sa critique de la guerre
et de la corruption Montaigne se référait à Pétrone qui voit le
monde comme une comédie. Il note, comme le fait son prédécesseur, une parenté entre l'homme qui joue un rôle dans le monde
et l'acteur qui joue son rôle sur la scène. Dans les deux cas ce sont
les actions de celui qui joue qui définissent l'être aux yeux du
spectateur. Ce dernier doit amasser tous les mouvements qui se
déroulent devant lui, il doit les mettre en évidence et voir ce qu'ils
signifient au total. Il s'agit ici donc d'une méthode d'analyse, d'une
somme qui définit l'homme ou l'acteur. Cette optique de la réalité
et de la fiction traitée parallèlement nous permet de saisir le sens
de notre condition humaine, car ce qu'il faut voir c'est non seulement le jeu de l'acteur mais surtout le jeu de chacun de nous, en
plus, ce que cette conception signifie, notamment le sens tragique
de notre existence. Ce sens tragique devient évident lorsqu'on se
rend compte qu'on est condamné à jouer, depuis la naissance jusqu'à la mort. Le fait positif qui accompagne la connaissance de
cette vérité reste avec l'aptitude, qu'a chacun de nous, à séparer
le jeu de l'intimité, de ce que Montaigne appelle « l'arrière
boutique ».

Cette analogie entre le monde et le théâtre, Montaigne la souligne aussi en se souvenant du temps où, petit écolier se passionnant pour les spectacles, il y cherchait une signification générale et universelle. C'est dans un des premiers chapitres du Livre I, « Du pedantisme », qu'il nous fait part de ses réflexions d'alors :

> Je me suis souvent despité, en mon enfance, de voir és comedies Italiennes tousjours un pedante pour badin et le surnom de magister n'avoir guiere plus honorable signification parmy nous... (*Ibid.*, 25, 132).
>
> Et, quant aux philosophes retirez de toute occupation publique, ils ont esté aussi quelque fois, à la vérité, mesprisez par la liberté Comique de leurs temps, leurs opinions et façons les rendant ridicules. Les voulez-vous faire juges des droits d'un procès, des actions d'un homme ? Ils en sont bien prest ! Ils cherchent encore s'il y a vie, s'il y a mouvement, si l'homme est autre chose qu'un bœuf... (*Ibid.*, p. 133).

« N'est-ce pas une noble farce », se demande-t-il, « de laquelle les Roys, les choses publiques et les Empereurs vont jouant leur personnage tant de siecles, et à laquelle tout ce grand univers sert de theatre ? » (II : 26, 732.)

Montaigne semble donc avoir pris connaissance de ce procédé esthétique qu'est le théâtre. Comme il vient de l'observer, dans toutes les discussions philosophiques, les philosophes eux-mêmes mêlent leur propre « personnage ». Par une allusion directe au théâtre comme véhicule d'exploration des connaissances il nous donne les impressions qu'ont provoquées les personnages du théâtre italien, en indiquant bien avant Molière la signification comique de ce qu'il appelle « la liberté Comique de leur temps ».

Enfin, Montaigne met en valeur la signification du spectacle en observant que notre vie ressemble, comme disait Pythagore, à la « grande assemblée de jeux Olympiques ».

> Les uns s'y exercent le corps pour en acquérir la gloire des jeux ; d'autres y portent des marchandises à vendre pour le gain. Il en est, et qui ne sont pas les pires, lesquels ne cherchent autre fruict que de regarder comment et pourquoy chaque chose se faict, et estre spectateurs de la vie des autres hommes, pour en juger et regler la leur (I : 26, 157-158).

Voici un passage de « L'Institution » où le monde est comparé au miroir : c'est le « grand monde » (*Ibid.*, 157) que Montaigne recommande à son écolier comme source de la connaissance de soi-même. C'est un théâtre d'actions, une espèce de « miroüer » où il « nous faut regarder pour nous connoistre de bon biais » (*Ibid.*).

> Somme, je veux que ce soit le livre de mon escholier. Tant d'humeurs, de sectes, de jugemens, d'opinions, de loix et de coustumes nous apprennent à juger sainement des nostres, et apprennent nostre jugement à reconnoistre son imperfection et sa naturelle foiblesse : qui n'est pas un legier apprentissage (*Ibid.*).

II. *Portrait — sa signification*

La présentation de l'humanité comme un vaste théâtre a, en effet, une signification extrêmement importante : elle permet à l'auteur de rendre ses personnages grotesques s'il le faut. C'est ainsi que Montaigne présente son propre « moi » faible, dépourvu de mémoire, ignorant. Ainsi vise-t-il, ironiquement, la morale « respectable » qui relève de l'opinion commune, « fauce et erronée », (III : 2, 784) bien que « les loix et l'usage l'auctorise », (*Ibid.*) et met ses contemporains en présence du problème du choix, à savoir si l'on veut « tricher », pour reprendre le mot de Sartre, ou si l'on est prêt à accepter la vérité simple : que tout homme constitue la *preuve* valable et exemplaire de « l'humaine condition ». C'est dans cette perspective qu'il faut comprendre l'avertissement de Montaigne :

> Je propose une vie basse et sans lustre, c'est tout un. On attache aussi bien toute la philosophie morale à une vie populaire et privée qu'à une vie de plus riche estoffe ; chaque homme porte la forme entiere de l'humaine condition (*Ibid.*, 782).

C'était une entreprise peut-être habile mais non répréhensible de commencer la peinture de l'homme par un portrait de soi-même, et de présenter ce soi-même de manière peu flatteuse. C'était une façon de choquer « la bonne conscience », l'hypocrisie de la moralité traditionnelle. Nous avons vu qu'Aristote attachait une importance particulière aux mœurs de l'orateur (1). Ici Montaigne au lieu de montrer de grandes qualités, afin d'impressionner ses lecteurs, met plutôt en relief ses faiblesses. C'est de cette manière qu'il provoque le choc. Montaigne invite, pour ainsi dire, les hommes à se mettre à nu, en commençant par le faire lui-même. Il est intéressant à ce propos, de rappeler la critique, adressée à Freud, d'avoir parlé de la sexualité sans avoir mis à nu sa propre vie sexuelle. Le bon freudien excuse à cet endroit le père de la sexualité moderne en rappelant au lecteur que même Freud était obligé de se soumettre, en partie, à la bienséance bourgeoise. L'avertissement de Montaigne nous fait sourire. Il semble dire justement qu'il se serait mis complètement nu, si l'usage le lui permettait :

> Mes defauts s'y liront au vif, et ma forme naïfve, autant que la reverence publique me l'a permis. Que si j'eusse esté entre ces nations qu'on dict vivre encore sous la douce liberté des premières loix de nature, je t'asseure que je m'y fusse très volontiers peint tout entier, et tout nud (« Au lecteur »).

---

(1) Voir *supra*, p. 82.

Et il dit encore :

> Je dy vray, non pas tout mon saoul, mais autant que je
> l'ose dire ; et l'ose un peu plus en vieillissant, car il me semble
> que la coustume concede à cet aage plus de liberté de bavasser
> et d'indiscretion à parler de soy (III : 2, 783).

Ainsi Montaigne fait de lui-même le sujet de son livre, non pas
pour écrire un journal intime (1), mais pour montrer une vérité
universelle : la connaissance du monde ne dépend pas de l'enseignement des philosophes, mais de la prise de conscience du moi.
La réalité peut se rencontrer à deux niveaux : celui de la conscience et celui de l'inconscient. Le mot « inconscient » certes, ne
lui est pas connu, mais Montaigne emploie, de manière très caractéristique, des termes qui par leur suggestion connotative le
signalent, tels fortune, vent, ombre, des métaphores et formules
ambiguës capables de traduire le rêve, le vague et l'incertain (2).

Précisant la valeur universelle de l'introspection (au niveau
de la conscience), Montaigne déclare : « chacun à peu près en diroit
autant de soy, s'il se regardoit comme moy » ; (II : 12, 549). C'est
pourquoi son autoportrait a une valeur éducative, il sert d'exemple.
Puis, montrant que la réalité ne se rencontre pas uniquement au
niveau observable, il arrive à cette conclusion essentielle : la raison et la volonté ne peuvent point contrôler totalement les actions
humaines ; l'inconscient y joue son rôle. Il nous a déjà fait voir
que les notions cachées jouent un rôle dans nos désirs et nos
actions (3). Voici comment Montaigne progresse dans cette démonstration :

Il déclare d'abord « que les choses qui nous viennent du ciel ont
seules droict et auctorité de persuasion : seules marque de
verité... » Car « quoy qu'on nous presche, quoy

> que nous aprenons, il faudroit tousjours se souvenir que c'est
> l'homme qui donne et l'homme qui reçoit (II : 12, 546).

Ici Montaigne fait donc la distinction entre les sphères divine

---

(1) Puisqu'il s'agit pour Montaigne de présenter un sujet de portée universelle (l'homme et l'humaine condition), bien qu'il n'y soit question que
d'une vérité approximative — il « ne voy le tout de rien » la forme qu'il
choisit pour la présenter ne sera pas une confession rousseauiste ; ni un
monologue, comme le voit M. Gray dans son ouvrage *Le Style de Montaigne* :
« Enfermé dans la tour, il ne jouit pas de l'univers ou de la société qui l'entourent ; son livre et ses réflexions sur l'homme qui réfléchit forment un
monde circonscrit. Pour lui, même la critique est un simple loisir de l'esprit,
qui ne vise à aucune fin pratique... » p. 16.

(2) Nous avons vu dans le développement de cette étude des exemples qui
indiquent que Montaigne avait le pressentiment de ce qu'est l'inconscient. Le
premier chapitre en contient plusieurs.

(3) L'essai « De la force de l'imagination » contient de nombreuses allusions
à l'inconscient. Voir surtout p. 100 de l'essai. Nous notons des propos similaires dans le *Phèdre*, de Platon, p. 23 de l'édition à laquelle nous nous sommes
référés.

et humaine. Ce qui lui permet d'exprimer en même temps que tout ce qui vient de la main de l'homme (culture, institutions, etc.) est rectifiable. Si cette idée se trouve fréquemment répétée dans les *Essais,* c'est que Montaigne croit sans doute que la conscience de cette vérité fondamentale pourrait assurer des rapports plus honnêtes parmi les hommes. Sa critique et son amertume sont tempérées par cet espoir (1).

C'est alors qu'il essaie de déceler dans nos actions les motifs qui échappent à la raison : les « passions corporelles », et d'autres « plus siennes » qu'il décrit, comme on le verra, de manière vague, à l'aide des métaphores et du langage connotatif.

> Il nous devroit souvenir, quoy que nous receussions en l'entendement, que nous y recevons souvent des choses fauces, et que c'est par ces mesmes utils qui se démentent et qui se trompent souvent (*Ibid.,* 546-547).

Car,

> Les secousses et ebranlemens que nostre ame reçoit par les passions corporelles, peuvent beaucoup en elle, mais encore plus des siennes propres, ausquelles elle est si fort en prinse qu'il est à l'advanture soustenable qu'elle n'a aucune autre alleure et mouvement que du souffle de ses vents, et que, sans leur agitation, elle [l'âme] resteroit sans action, comme un navire en pleine mer que les vents abandonnent de leur secours. Et qui maintiendroit cela suivant le parti des Peripateticiens ne nous feroit pas beaucoup de tort, puis qu'il est connu que la pluspart des plus belles actions de l'ame procedent et ont besoin de cette impulsion des passions. La vaillance, disent-ils, ne se peut parfaire sans l'assistance de la cholere. (*Ibid.,* 550).

Voici donc l'idée de l'unité entre l'âme et le corps mise en lumière, mais nous voyons, en outre, que Montaigne, en se référant au mythe de l'attelage (*Phèdre*) insiste sur le fait que la source de l'énergie et même de nos plus belles actions, est obscure. Pressentant avant Freud et après Platon et Socrate, l'existence et le rôle de l'inconscient (2), il insiste :

> Les deux voies naturelles pour entrer au cabinet des Dieux et y preveoir le cours des destinées sont la fureur et le sommeil. Cecy est plaisant à considerer : par la dislocation que les passions apportent à nostre raison, nous devenons vertueux ; par son extirpation que la fureur ou l'image de la mort apporte, nous devenons prophetes et divins. Jamais plus volontiers je ne l'en creus. (*Ibid.,* 551.)

Et voici qu'il insiste sur la vérité démontrée par le psychanalyste :

---

(1) « Le guain de nostre estude, c'est en estre devenu meilleur et plus sage », dit-il (II : **26, 151**).
(2) Sur l'inconscient dans Platon nous recommandons l'œuvre de Patrice GEORGIADES, *De Freud à Platon,* Paris, Bibliothèque Charpentier, 1935.

> Nostre veillée est plus endormie que le dormir ; nostre
> sagesse, moins sage que la folie, noz songes vallent mieux
> que noz discours... (*Ibid.*).

Pour illustrer cette idée du décalage entre la conscience et
l'inconscient, Montaigne fait allusion à ces gens de « robbe » les
magistrats, qu'il connaît bien :

> En la chicane de nos palais ce mot est en usage, qui se
> dit des criminels qui rencontrent les juges en quelque bonne
> trampe, douce et debonnaire : *gaudeat de bona fortuna* (1),
> qu'il jouisse de ce bon heur ; car il est certain que les jugemens
> se rencontrent par fois plus tendus à la condamnation, plus
> espineux et aspres, tantost plus faciles, aisez et enclins à
> l'excuse. Tel qui raporte de sa maison la douleur de la goute,
> la jalousie, ou le larrecin de son valet, ayant toute l'ame teinte
> et abreuvée de colere, il ne faut pas douter que son jugement ne
> s'en altere vers cette part là. Ce venerable senat d'Areopage
> jugeoit de nuict, de peur que la veüe des poursuivans corrompit
> sa justice (*Ibid.*, 547).

Ces réflexions sur l'homme dont Montaigne vient de nous
entretenir nous permettent d'apprécier ses insinuations ironiques.
Voici, par exemple, qu'en devançant les reproches de ceux qui
voudraient l'accuser de narcissisme il dit :

> Par ces traits de ma confession, on en peut imaginer
> d'autres à mes despens ....
> ....
> qu'on accuse, si on veut, mon project ; mais mon progrez, non
> (*Ibid.*, 17, 636).

C'est-à-dire qu'on peut accuser son intention de vouloir se
peindre, mais pas le fruit de sa découverte.

> Tant y a que, ... je voy assez ce peu que tout cecy vaut
> et poise, et la folie de mon dessein. C'est prou que mon juge-
> ment ne se deffere poinct, duquel ce sont icy les essais : (*Ibid.*,
> 636-637).

Par surcroît d'ironie, il cite Martial :

> Ayez un meilleur nez, ayez un nez enfin si puissant qu'un
> Atlas ne s'en fût pas chargé. Faites rire, à vos traits, de Latinus
> lui-même, vous direz moins de mal de mes futilités que moi-
> même j'en dis : pourquoi ronger à vide ? Pour se rassasier,
> il faut de la viande (2). Ménagez vos efforts. Pour les gens qui
> s'admirent gardez votre venin : mon livre est nul, je sais (3)
> (*Ibid.*, 637).

---

(1) Les italiques sont de Montaigne.
(2) Même métaphore que Montaigne utilise dans « L'Institution » pour recommander le jugement critique. Ici, comme ailleurs, il s'agit d'insister sur la
valeur du concret opposé à l'abstrait.
(3) Martial, XIII, 11, 1-8, trad. par Maurice RAT, *Essais*, notes et variantes,
p. 1593, dans les *Essais*, p. 637, note 1.

« Il faut être, il faut être, si l'on veut paraître. » (1) Cette maxime semble s'appliquer au dessein de Montaigne et on peut se demander si Madame de Sévigné ne pensait pas à l'auteur des *Essais* dont elle faisait souvent l'éloge. En effet, pour paraître il faut être : il faut connaître une réalité tangible, substantielle, comme dit Montaigne, pour prétendre à une vérité quelconque. Lui, qui se connaît au moins soi-même, peut, en toute franchise, faire profiter toute l'humanité de sa connaissance. Voilà la portée et la signification de son dessein de se peindre : par son portrait, faire voir à autrui qu'il existe, et ainsi rendre ensuite cette « sienne » existence générale, par ce qu'elle porte en soi d'apparent, donc d'approximatif.

> Au moins, j'ay cecy selon la discipline, que jamais homme ne traicta subject qu'il entendit ne cogneust mieux que je fay celuy que j'ay entrepris, et qu'en celuy-là je suis le plus sçavant homme qui vive ; secondement, que jamais aucun ne penetra en sa matière plus avant, ny en esplucha plus particulièrement les membres et suites ; et n'arriva plus exactement et plainement à la fin qu'il s'estoit proposé à sa besoingne (2) (III : 2, 783).

C'est au moyen de ce procédé que Montaigne arrive à transmettre son message à la postérité : la seule connaissance valable c'est l'Homme. Mais la difficulté de le connaître réside dans sa nature qui se dérobe. C'est qu'elle possède deux propriétés quasi-antithétiques : l'une, extérieure, change sans cesse, présentant par ce caractère inconstant maints problèmes ; l'autre, intérieure, ne se devine qu'à tâtons (3).

Or, l'être, c'est Michel de Montaigne, l'apparent, c'est son portrait transposé à l'usage des lecteurs. Pour comprendre ce que cela signifie, rappelons-nous que dans « De mesnager sa volonté », Montaigne faisait la distinction entre le Maire et Montaigne. Le premier joue le personnage, le second représente ce qu'il a de stable, ce qui est toujours le même, qui fait partie de la nature universelle de l'espèce humaine. Ces deux niveaux de la réalité n'appartiennent pas ici au monde fictif, car ce personnage qui « joue » joue son jeu véritablement sans tricher, dans la vie non pas sur scène, cela fait partie de sa condition humaine. Le terme « jeu » implique simplement que ce qui lui arrive ne dépend pas toujours de lui-même, de son choix conscient, mais des circons-

---

(1) Mme de SEVIGNE, *Lettres*, 9 sep. 1675, (cf. Littré, p. 1148, t. III).
(2) Nous avons déjà cité ce passage pour illustrer une autre idée (*supra*, p. 96).
(3) C'est pourquoi il fait l'introspection : « Chacun regarde devant soy ; moy, je regarde dedans moy : je n'ay affaire qu'à moy, je me considere sans cesse, je me controlle, je me gouste. Les autres vont tousjours ailleurs, s'ils y pensent bien ; ils vont tousjours avant... moy je me roulle en moy mesme » (II : 17, 641). Notons le language connotatif et métaphorique employé par Montaigne pour exprimer la complexité de l'analyse du moi.

tances qu'il ne peut point contrôler, qui sont extérieures (1). Montaigne les appelle souvent du hasard. Nous avons déjà discuté la valeur de cette conception, mais à présent, dans le contexte de la théorie de la mimesis, c'est-à-dire dans le cadre *fictif* du jeu, la distinction entre le jeu qui fait partie de la vie réelle, et le jeu qui « imite », qui se joue sur scène accentue plus explicitement la valeur que cette distinction révèle. C'est cela qu'il convient de souligner lorsqu'on parle de la signification du portrait dans cette œuvre. Dans la perspective de l'univers que nous présente Montaigne, démontrer ce qui *lie* et ce qui *sépare* l'être du personnage est donc d'importance primordiale.

Puisque nous avons signalé une parenté des conceptions esthétiques entre Montaigne et Platon rappelons-nous que dans le système imaginé par Platon, l'homme n'aperçoit pas la réalité des choses, mais uniquement son reflet, autrement dit, l'*image* de la réalité (2), qui, elle, appartient à la sphère de ce qu'il nomme « Idée ». Ce monde composé d'images nous révèle alors, uniquement, la valeur *approximative* de la réalité et ce n'est que par une dialectique appropriée que l'on parvient à s'en rapprocher progressivement. C'est le philosophe qui, dans la hiérarchie platonique, compte parmi ceux qui ont le plus de chance d'y arriver. L'artiste, que ce soit un poète ou un peintre, y arrive par une méthode différente de celle que suit le philosophe. Un des exemples dont se sert Plato pour caractériser la méthode artistique est sa fameuse comparaison entre l'artiste et le menuisier (3). Si l'on prend, par exemple, une table faite par un menuisier et une table peinte par un artiste-peintre, l'objet de ce dernier se rapprochera davantage de ce qu'est la table dans sa Réalité. C'est que l'artiste construit cet objet autrement que ne le fait le menuisier, car l'art du peintre consiste à *suggérer* et se réfère à ce qui n'est pas directement observable et ne se laisse point directement décrire car il se réfère à la réalité plus générale, à ce qui est *infini*, et, de ce fait, à ce qui est plus complet que ce qui est *fini*. Il s'ensuit que si l'on veut connaître la table (en tant que concept), c'est l'œuvre du peintre qui nous la révèlera plutôt que l'œuvre du menuisier (4).

----

(1) Ces deux niveaux de la réalité se rencontrent dans la pensée sartrienne sous la terminologie de l' « en soi », et « pour soi ». L'analogie n'est pourtant pas totale : Montaigne attache plus d'importance a l'« en soi ».
(2) Voir le mythe de la caverne : *La République, Livre VII.*
(3) Dans *la République*, L. X.
(4) Cette interprétation de la conception esthétique de la mimesis ne représente point la position généralement acceptée par la critique. Platon était souvent mal compris car en exagérant trop son rationalisme on n'a pas reconnu ses idées sur la création artistique. M. Verdenius, qui partage notre avis sur la question, le souligne très justement dans un récent essai : « Imitation implique transformation, et transformation, implique confusion si cette transformation repose sur une conception de la réalité, inférieure à son objet. Cette conception remonte à l'idée fondamentale de la philosophie de Platon. Le monde y est vu comme une œuvre d'art divin (Ti. 28A, 37c). Comme tel, il est « l'image » d'une autre réalité, une imitation

Ce même principe s'applique à l'art dramatique. Par le jeu qu'il exécute sur scène, le comédien nous révèle mieux l'être, que ne le fait celui qui, comme tout autre homme, joue son personnage dans sa vie. En suivant cette optique, Montaigne, maire de Bordeaux, nous intéresse moins que Montaigne qui se peint. Car le portrait ce n'est pas Montaigne intime et « privé » mais Montaigne acteur. A titre d'illustration référons-nous encore à l'essai « De la vanité ». Dans le contexte de la critique qu'il adresse aux manipulateurs, il déclare que ces derniers ne sont pas les seuls responsables de l'état néfaste de son pays, mais chacun des citoyens, lui-même y compris :

> la corruption du siecle se faict par la contribution particuliere de chacun de nous : les uns y conferent la trahison, les autres l'injustice, l'irreligion, la tyrannie, l'avarice, la cruauté, selon qu'ils sont plus puissans ; les foibles y apportent la sottise, la vanité, l'oisiveté, desquels je suis (III : 9, 923).

Dans un tel passage l'intention du « jeu » (fictif ici) se dévoile plus facilement. Nous remarquons que le portrait lui sert de tremplin pour exposer l'hypocrisie et la méchanceté en opposant ces vices-ci aux siens. Voici son raisonnement : puisque chacun de nous porte en partie la responsabilité de ce qui nous arrive, il apparaît bien plus noble d'être accusé d'oisiveté et de vanité, de sottise même, que de trahison, d'irreligion ou de cruauté. Il nous informe, à ce propos, qu'en « un temps où le meschamment faire est si commun, de ne faire qu'inutilement il est comme louable. Je me console », dit-il, « que je seroy des derniers sur qui il faudra mettre la main » (Ibid.).

Il ne s'agit donc guère pour nous d'évaluer la personnalité de Montaigne. Nous cherchons plutôt à déterminer le but que voulait atteindre l'écrivain par son désir de se peindre.

Si Montaigne insiste sur son désir de dire « tout », de « se repentir rarement », c'est qu'il cherche à démystifier, tout d'abord,

---

d'un modèle supérieur (48E). Ces passages rendent évident le fait que le concept d'imitation est fondée sur la métaphysique. Ceci est expliqué dans le dixième livre de la république où la réalité se trouve représentée à trois niveaux, la Forme idéale, les objets visibles, les images. Un peintre ne peut rien ajouter à la création de l'Etre idéal, car il n'est qu'un être humain, et comme tel, limité par les lois de la relativité. Il ne peut, non plus, construire un objet matériel d'après un modèle idéal, car ceci est la tâche de l'artisan. Il est forcé de se placer à une distance plus éloignée de l'Etre idéal et de se servir des objets visibles comme modèles pour ses images. Ainsi ces images sont situées au plus bas niveau de la réalité et elles se trouvent placées à deux grades inférieures de la nature essentielle des choses (R. 596A-597E). Toutefois, le fait que l'art n'est pas imitation directe des Formes idéales ne veut pas dire qu'il ne pourrait pas les révéler indirectement. C'est ainsi que Platon soutient, in PL 286 A, que les Formes idéales peuvent être seulement révélées par argument, ce qui n'exclut pas la possibilité d'utilisation d'une autre méthode moins idéaliste », p. 267, dans *Plato's Doctrine of Artistic imitation* par W.L. Verdenius *in Plato. Il, Politics, and Philosophy of Art and Religion. A Collection of Critical Essays*. Edited by Gregory Vlastos, New-York, Auchor Books, Doubleday and Company, 1971. Pour la discussion détaillée voir pp. 259-273.

pour démontrer par la suite un certain nombre d'idées générales sur la psychologie de l'homme.

Le chapitre « Du repentir » constitue, en cette matière, le dialogue le plus significatif par son utilisation croissante de l'humour, visant à réduire l'orgueil et les fausses conceptions idéologiques. « Excusons icy ce que je dy souvent, que je me repens rarement », dit-il ;

> et que ma conscience se contente de soy, non comme de la conscience d'un ange ou d'un cheval, mais comme de la conscience d'un homme, adjoustant tousjours se refrein, non un refrein de ceremonie, mais de naifve et essentielle submission : que je parle enquerant et ignorant, me rapportant de la resolution, purement et simplement, aux creances communes et légitimes. Je n'enseigne poinct, je raconte. (*Ibid.*, 784.)

C'est alors que Montaigne développe le thème du repentir, montrant ses divers aspects dont l'un constitue l'élément du refoulement ; il demande ensuite que l'on écarte les fausses conceptions ainsi que les légendes, les opinions, les superstitions et les vulgarisations grotesques qui altèrent la vérité.

> La malice hume la plus part de son propre venin et s'en empoisonne. Le vice laisse comme un ulcere en la chair, une repentance en l'ame, qui, tousjours s'esgratigne et s'ensanglante elle mesme. Car la raison efface les autres tristesses et douleurs ; mais elle engendre celle de la repentance, qui est plus griefve, d'autant qu'elle naist au dedans ; comme le froid et le chaut des fièvres est plus poignant que celuy qui vient du dehors. Je tiens pour vices (mais chacun selon sa mesure) non seulement ceux que la raison et la nature condamnent, mais ceux aussi que l'opinion des hommes a forgé, voir fauce et erronée, si les loix et l'usage l'auctorise. (*Ibid.*, p. 784).

Notons que le refoulement, pressenti par Montaigne, et avant lui par Platon, consiste justement à écarter, plus ou moins consciemment, des tendances jugées condamnables, qui subsistent ensuite dans l'esprit de façon latente. C'est de quoi notamment parle Montaigne dans le passage cité ci-dessus. Il est significatif, et en ceci consiste la valeur « méthodique » de Montaigne, que la théorie du refoulement soit une des bases de la psychanalyse. Comme il le dit :

> En toutes les chambrées de la philosophie ancienne cecy se trouvera, qu'un mesme ouvrier y publie des reigles de temperance et publie ensemble des escrits d'amour et desbauche (III : 9, 968).

Ainsi Montaigne semble percevoir que la tempérance, n'étant pas naturelle, forge des désirs contraires (1). C'est pourquoi il

---

(1) ...Il en retombe d'autant plus qu'il s'estoit plus haut monté ; au dedans, chez luy, tout est tumultuaire et vile (*Ibid.*, 787).

estime, sans doute, que c'est la conscience « privée » qui est véritable juge de nos actions :

> Nous autres principalement, qui vivons une vie privée qui n'est en montre qu'à nous, devons avoir estably un patron au dedans, auquel toucher nos actions, et selon iceluy, nous caresser tantost, tantost nous chastier. J'ay mes loix et ma court pour juger de moy, et m'y adresse plus qu'ailleurs (II : 2, 785).

Le « portrait » constitue donc un véhicule significatif et efficace de l'esthétique de l'auteur. Car, si comme le dit Montaigne, ce grand monde c'est le « miroüer où il nous faut regarder pour nous connoistre de bon biais », (I : 26, 157) ne faut-il pas tout d'abord connaître l'homme qui fait partie de ce « grand monde » ? Le théâtre constitue de ce fait le véhicule parfait de la connaissance. La réalité s'y rencontre au niveau fictif.

On peut conclure que les élévents « formels » dont se constitue l'œuvre de Montaigne, et qui concourent à créer ce que nous appelons Forme, représentent dans son ensemble la réalité telle que la conçoit l'auteur, et que c'est par l'intermédiaire de cette forme qu'il arrive à nous faire goûter et deviner, ou, plutôt, *désire* nous faire goûter et deviner, ce qu'il goûte et désire lui-même. Le théâtre, en tant que Forme, renferme tous ces éléments : le jeu des personnages représente le côté comique et tragique de l'humaine fortune ; « les fables » évoquent le possible et suggèrent que le lecteur ne devrait point attacher plus d'importance au contenu de son œuvre qu'au contenu des fables dont il se sert pour l'illustrer; le langage poétique, par sa force connotative suggère plus qu'il n'affirme. Enfin, cette réalité, disons-le encore, que nous présente Montaigne, n'est qu'approximative ; dans sa forme d'expression elle est « mimétique ».

La conception de la mimesis que son œuvre révèle a été méconnue par la plupart des montaignistes, et Montaigne critique de son propre œuvre semble avoir craint certains de ses critiques, car comment pourrait-on expliquer autrement des propos pareils :

> Je reviendrois volontiers de l'autre monde pour démentir celuy qui me formeroit autre que je n'estois, fut-ce pour m'honorer (III : 9, 961).

Il a pressenti, comme Valery des siècles plus tard, ce qui fait la distance entre le lecteur et l'œuvre, l'encodeur et le décodeur, pour parler le langage des linguistes. Ses réflexions d'alors restent toujours actuelles et portent sur un des problèmes essentiels de la critique contemporaine :

> Et puis, pour qui escrivez-vous ? Les sçavants à qui touche la jurisdiction livresque, ne connoissent autre prix que de la doctrine, et n'advouent autre proceder en noz esprits que

celuy de l'erudition et de l'art : si vous avez pris l'un des
Scipions pour l'autre, que vous reste il à dire qui vaille ? (1)
Qui ignore Aristote, selon eux s'ignore quand et quand soy-
mesme. Les ames communes et populaires ne voyent pas la
grace et le pois d'un discours hautain et deslié. Or ces deux
especes occupent le monde. La tierce, à qui vous tombez en
partage, des ames reglées et fortes d'elles-mesmes est si rare,
que justement elle n'a ny nom, ni rang entre nous (2) : c'est à
demy temps perdu, d'aspirer et de s'efforcer à luy plaire
(II : 17, 640-641) ;

Disons encore que ses nombreuses références aux personnages,
au jeu, à la scène, à la faiblesse humaine, à la temporalité de
choses, sont choisies pour le pouvoir qu'elles ont de minimiser la
présomption et l'orgueil du monde qu'il critique. C'est pourquoi il
l'apparente métaphoriquement à celui du théâtre.

---

(1) Ces propos visent la stérilité intellectuelle de l'humanisme littéraire
mentionnée dans le chapitre VI de cette étude.
(2) C'est à la lumière de ces réflexions qu'on peut comprendre, sans doute,
l'avertissement de Montaigne, « Les autheurs se communquent au peuple par
quelque marque particuliere... moy,,, non comme grammairien ou poete, ou
juriconsulte » (III : 2, 782). Ce sont ces genres de propos qui donneront
naisssance à la conception de « l'honnête homme ».

CONCLUSION

Au terme de notre recherche, nous pensons avoir montré que Montaigne dans son œuvre fait preuve d'une conscience linguistique exemplaire. Il connaît le pouvoir du langage, sa force créatrice et destructrice. Nous avons soutenu que tandis que Charron, son prétendu disciple, se sert du langage à des fins politiques, Montaigne l'utilise comme outil épistémologique ; en tant qu'écrivain il choisit pour écrire une forme propre à signaler la rupture avec la stérilité intellectuelle de son temps. Les *Essais* se révèlent ainsi comme un discours littéraire qui présente le paraître de l'objet de son enquête (la mimesis de la réalité humaine).

Du point de vue méthodologique, c'est en abandonnant toute analyse d'école et en suivant celle qui s'impose par l'œuvre même, que nous avons essayé de chercher la signification du texte des *Essais*. Il semble que la tâche critique est, comme le dit Barthes, d'ajuster des pièces constituant l'ensemble de l'œuvre ; la « preuve » critique dépend d'une aptitude non pas à découvrir l'œuvre interrogée, mais au contraire, à la couvrir le plus complètement possible par son propre langage (1).

Nous avons relevé des passages dans les *Essais,* qui nous permettent de croire que Montaigne était déjà conscient de cette vérité ; que l'auteur des *Essais,* tout autant que le critique moderne, se rendait bien compte de la difficulté que présentait le problème de l'interprétation. C'est pourquoi d'ailleurs, en se faisant critique de sa propre œuvre, il a parsemé les pages de son livre d'avertissements qui nous guident dans la lecture de ses « essais ».

C'est en suivant ses avis qu'il nous a paru que l'écriture des *Essais* était inséparable de sa façon de voir le monde, que cette vérité du rapport entre la forme et le contenu, discutée de nos jours au niveau théorique, se trouve être confirmée dans l'œuvre de Montaigne, il n'est donc pas possible de l'ignorer.

Quant à la signification de l'œuvre même, nous avons montré que, critique de son siècle, Montaigne fait le procès de la corruption et de l'hypocrisie non pas pour dénoncer, mais pour rectifier les abus. C'est pourquoi, et cela est significatif et original, il

---

(1) Roland BARTHES, *Essais critiques*, Paris, Seuil, 1964, p. 256.

s'attaque au mensonge et à l'instrument de sa diffusion, le Mot. Voyant le mot comme un instrument de manipulation politique il nous fait voir que la vérité révélée de nos jours par Freud et ses disciples n'est pas nouvelle. Il est intéressant de citer un propos du grand biographe de Freud au sujet des manipulations politiques :

> Avec la découverte du caractère psychologique de la névrose, on a commencé à envisager les possibilités à les influencer (les masses) par des moyens qui appartiennent, eux aussi, au domaine psychologique. Les *Mots* et les *Idées* ont repris leur ancien pouvoir. Hitler ne soulevait pas l'enthousiasme délirant de ses audiences et ne les incitait pas à l'action au moyen de quelque drogue qui aurait agi sur leur cerveau (fonction cérébrale). Il pouvait même se passer d'idées et se fier aux seules paroles. C'est Freud qui, par l'invention de sa méthode psychanalytique, a trouvé ce qui est encore, malgré ses limitations, l'arme la plus puissante de la psychotérapie (1).

C'est afin de démasquer que Montaigne fait donc le procès de la rhétorique classique, des orateurs, des historiens, des moralistes.

Nous avons essayé de montrer, en outre, que la nouvelle « technè » de Montaigne semble être créée par l'auteur des *Essais* comme réaction contre la « technè » d'Aristote ; c'est encore par réaction contre les procédés de la rhétorique classique qu'il a pris soin de signaler la rupture entre lui-même et les « autres », et c'est encore par réaction contre ce que cette rhétorique traditionnelle signifiait que Montaigne parle du sens de sa nouvelle écriture. M. Friedrich observe avec justesse l'aversion qu'avait Montaigne pour Cicéron. Cette aversion de Montaigne pour les écrits théoriques, dit-il, et pour « toute manipulation littéraire dont la virtuosité s'étend aussi bien à dire le vrai que le faux, la conviction que la contrefaçon, et qui représente le plus grand péril qui puisse menacer l'homme dans sa connaissance de soi et l'appropriation de son être — cette aversion se heurte et se frotte à Cicéron » (2). Le langage dont se sert Montaigne est un langage poétique, et connotatif, propre à « signifier » ce sujet fuyant et changeant qu'est l'Homme et l' « Humaine Condition ».

Enfin, nous avons vu que le portrait de Montaigne constituait un véhicule significatif de l'esthétique de l'auteur et que la logique de son emploi justifie le sens de la structure générale des *Essais* exprimé par la métaphore du théâtre.

En somme, il n'est pas exagéré de dire que Montaigne inaugure au XVI⁰ siècle l'art d'écrire qui repose sur le jeu des rapports entre la psychologie et la connaissance ; entre l'objet et la représentation. Par là l'auteur des *Essais* se rapproche des conceptions litté-

---

(1) Ernest JONES, *Sigmund Freud, Four Century Addresses*, Basic Books, 1956, p. 72.
(2) Hugo FRIEDRICH, *Montaigne*, p. 92.

raires débattues par les écrivains modernes et par les « formalistes français » dont Barthes que nous citons dans cette étude.

Nous voulons conclure cette étude par une citation des *Essais*. Elle précise l'attitude critique de Montaigne ; elle nous montre à quel point il nous est proche :

> Il y a plus affaire à interpreter les interpretations qu'à interpreter les choses, et plus de livres sur les livres que sur autre subject : nous ne faisons que nous entregloser. Tout four-mille de commentaires ; d'auteurs, il en est grand cherté.
>
> Le principal et plus fameux sçavoir de nos siecles est-ce pas sçavoir entendre les sçavans ? Est-ce pas la fin commune et dernière de tous estudes ?
>
> Nos opinions s'entent les unes sur les autres. La premiere sert de tige à la seconde, la seconde à la tierce. Nous eschellons ainsi de degré en degré. Et advient de là que le plus haut monté a souvent plus d'honneur que de mérite ; car il n'est monté que d'un grain sur les espaules du penultime (III : 13, 1045-1046).

BIBLIOGRAPHIE

(La présente bibliographie contient uniquement les titres cités dans cette dissertation.)

1) Éditions des Essais

MONTAIGNE, Michel DE : *Œuvres Complètes,* textes établis par Albert Thibaudet et Maurice Rat. Introduction et notes par Maurice Rat, Bibliothèque de la Pléiade, Paris, N.R.F., Gallimard, 1965.

— *Essais,* texte établi et annoté par Albert Thibaudet, Bibliothèque de la Pléiade, Paris, N.R.F., Gallimard, 1950.

— *Les Essais,* édition conforme au texte de l'exemplaire de Bordeaux, par Pierre Villey, rééditée sous la direction et avec une préface de V.L. Saulnier, Lausanne, La Guilde du Livre, 1965.

2) Ouvrages sur Montaigne

BARAZ, M. : « Les Images dans les *Essais* de Montaigne », *Bibliothèque d'humanisme et Renaissance,* (BHR), XXVII (1965), pp. 361-4.

— *L'Etre et la Connaissance Selon Montaigne,* Paris, José Corti, 1968.

BOASE, Alan : *The Fortunes of Montaigne. A History of the Essays in* France, 1580-1669, Londres, Methuen, 1935.

BONNEFON, Paul : *Montaigne et Ses Amis,* Paris, Colin, 1898.

BRUNSCHVICG, Leon : *Descartes et Pascal, Lecteurs de Montaigne,* édition de la Baconnière, Neuchâtel, 1945, p. 29.

BUSSON, Henri : *La Pensée Religieuse Française de Charron à Pascal,* Paris, Vrin, 1933.

— *Le Rationalisme dans la Littérature Française de la Renaissance* (1533-1601), nouvelle édition, revue et augmentée, Paris, Vrin, 1967.

DOMMEAU-SAULEAU, Jean-Pierre : « Montaigne et sa Critique de la Justice Française. » *Bulletin de la Société des Amis de Montaigne,* (BSAM), Paris, 4ᵉ série, Nᵒ 17 (janvier-mars 1969), pp. 14-24.

DREANO, Maturin : *La Renommée de Montaigne en France au XVIIᵉ Siècle. 1677-1802,* Angers, Editions de l'Ouest, 1952.

EHRLICH, Hélène-Hedy : « Pierre Charron : A Study in Moral Pragmatism », (M.A. Dissertation, Columbia University, 1962).

— « Rabelais et Montaigne », (BSAM), Paris, 4ᵉ série, Nᵒ 17, (janvier-mars, 1969), pp. 4-13.

— « Montaigne et la Légende du Maître-Disciple », (BSAM), Paris, 4ᵉ série, Nᵒ 24 (janvier-mars 1971), pp. 15-26.

—   « Montaigne : La critique et le langage. Résumé de
      thèse », (BSAM), Paris, 5ᵉ série, N° 1, (janvier-mars, 1972),
      pp. 25-26.
—   « Extrait de thèse. La Fable : sa fonction dans les
      Essais », (BSAM), 5ᵉ série, N° 1, (janvier-mars 1972),
      pp. 27-32.
FRAME, Donald. M. : *Montaigne's Essais : A Study,* Englewood Cliffs,
      Prentice-Hall, 1969.
FRANÇON, Marcel : « Note sur ' l'Evolution ' des *Essais* », (BSAM),
      Paris, 4ᵉ série, N° 12 (octobre-décembre 1967), p. 8
—   « Sur l'Influence de Montaigne », (BSAM), Paris, 4ᵉ série,
      N° 13 (janvier-mars 1968), pp. 56-58.
—   « L'Edition des *Essais* de 1582 », (BSAM), Paris, 4ᵉ série,
      N° 14 (avril-juin 1968), pp. 3-32.
FRIEDRICH, Hugo : Montaigne, Bern and München, Francke, 1967.
—   *Montaigne,* traduit de l'allemand par Robert Rovini, Paris,
      Gallimard, N.R.F., 1968.
GRAY, Floyd : *Le Style de Montaigne,* Paris, Nizet 1958.
—   « Réflexions sur Charron et Montaigne », (BSAM), Paris,
      3ᵉ série, N° 29 (janvier-mars 1964), pp. 41-46.
HALLIE, Philip. P. : *The Scar of Montaigne, An Essay in Personal
      Philosophy,* Middletown Wesleyan University Press, 1966.
MICHEL, Pierre : « Montaigne vu par M. Raymond Lebègue »,
      (BSAM), 4ᵉ série, N° 14 (avril-juin 1968), pp. 44-46.
—   « Initiation à la bibliographie de Montaigne », (BSAM),
      Paris, 4ᵉ série, N° 14 (avril-juin 1968), pp. 47-60.
—   « Fidéisme de Ronsard et de Montaigne», (BSAM), Paris,
      4ᵉ série, N° 7 (juillet-septembre 1966), pp. 24-34.
—   « Pour mieux lire le livre III des *Essais* », (BSAM), Paris,
      4ᵉ série, N° 12 (octobre-décembre 1967), pp. 9-24.
RAT, Maurice : « Un Novateur du Vocabulaire et du langage :
      Montaigne Ecrivain », (BSAM), Paris, 4ᵉ série, N° 15
      (juillet-septembre 1968), pp. 17-26.
—   « Ubiquité de Montaigne », *Les Nouvelles Littéraires,*
      Paris, 20 juin 1963, p. 11.
SCHON, Peter : *Vorformen des Essays in Antike und Humanismus,
      Ein Beitrag zur Entstehungsgechichte des « Essais » von
      Montaigne.* Maintzer Romanistische Arbeiten, Band 1,
      Wiesbaden, 1954.
TRINQUET, Roger : « Les Deux Sources de la morale et de la religion
      de Montaigne », (BSAM), Paris, 4ᵉ série, N° 13 (janvier-
      mars 1968), pp. 24-33.
VILLEY, Pierre : *Montaigne devant la postérité,* Paris, Boivin, 1935.

3) *Ouvrages Généraux*

ADAM, Antoine : *Histoire de la littérature française au XVIIᵉ siècle,*
      tome 1, Paris, Domat, 1956.
ALAIN : *Propos,* Paris, Bibliothèque de la Pléiade, 1965.

AUERBACH, Erich : *Mimesis,* New York, Anchor Books, 1957 (Paru en allemand en 1946 à Berne).

BÉGUIN, Albert : *Pascal par lui-même,* Ecrivains de Toujours, Paris Seuil, 1952.

CHARRON, Pierre : *De La Sagesse,* Trois Livres par Pierre Charron, Parisien, Chanoine Théologal et Chantre en l'église Cathédrale de Condom. Nouvelle edition, conforme à celle de Bourdeaus 160i., Chaigieau Aîné, 1797.

CHARRON, Jean : *The Wisdom of Pierre Charron,* Chapel Hill, 1960.

DAGENS, Jean : *Bérulle et les Origines de la Restauration Catholique* (1575-1611), thèse pour le doctorat ès-Lettres présentée à la Faculté des Lettres de l'Université de Paris, Desclée de Brouwer, 1952.

—   « Le Machiavelisme de Pierre Charron », *Studies,* edited by Professor Gerard Brom, Ultrecht Nijmegen, Dekker and Van De Vegt N. V., 1952.

Dictionnaire illustré latin-français, L.-M. Fortin, Paris, 1934.

GEORGIADÈS, Patrice : *De Freud à Platon,* Paris, Charpentier, 1934.

Grand Larousse Encyclopédique, Paris, 1964, Vol. 10.

HEPP, Noémi : *Homère en France au XVIIe siècle,* Paris, C. Klincksieck, 1968.

HALLIE, Philip. P. : *Scepticism, Man and God. Selections from the Major Writings of Sextus Empiricus.* Translated from the Original Greek by Sanford G. Etheridge, Middletown, Wesleyan University Press, 1964.

JONES, Ernest : *Sigmund Freud. Four Century Addresses,* New York, Basic Books, 1956.

Littérature Française. Publiée sous la direction de Joseph Bédier et Paul Hazard, nouvelle édition refondue et augmentée sous la direction de Pierre Martino. Tome premier, Paris, Larousse, 1948.

LITTRÉ, Emile : *Dictionnaire de la langue française,* Paris, Gallimard-Hachette, 1965, tome 4.

MESNARD, Pierre : « Chronique érasmienne », (BHR), Genève, XII, N° 9 (1955), pp. 312-319.

PINTARD, René : *Le Libertinage érudit dans la première moitié du XVIIe siècle,* 2 vol., Boivin, 1943.

PLATON : *Œuvres Complètes,* Paris, Bibliothèque de la Pléiade, N.R.F. 1964.

POULET, Georges : *Etudes sur le temps humain,* Paris, Plon, 1949.

RABELAIS, François : *Œuvres Complètes,* Paris, Bibliothèque de la Pléiade, N.R.F. 1962.

SABRIÉ, J.-B. : *De l'humanisme au rationalisme, Pierre Charron (1541-1603) l'homme, l'œuvre, l'influence,* Paris, Alcan, 1913.

SAINTE-BEUVE, Charles-Augustin : *Les Grands Ecrivains ; Etudes des Lundis,* Paris, Garnier, 1926, Tome II.

—   *Port-Royal,* Paris, Hachette, 1901, Tome II.

SARTRE, Jean-Paul : *La Nausée,* Paris, Gallimard, 1938.
SÉVIGNÉ, Madame de : *Lettres,* septembre, 1675, dans *Dictionnaire de la langue française,* Emile Littré, Paris, Gallimard-Hachette, 1964, tome 3.
STROWSKI, Fortunat : *Pascal et son temps,* Paris, Plon, 1907, Vol. 1.
THUCYDIDE : *La Guerre du Péloponnèse,* Livre III, texte établi et traduit par Raymond Weil, Paris, Société d'Edition, « Les Belles Lettres », 1967.

4) *La Critique*

ARISTOTE : *La Rhétorique,* trad. nouvelle, Paris, Bobée, 1822.
— *Rhétorique,* Tome premier (livre I), Paris, « Les Belles Lettres », 1932.
BARTHES, Roland : *Le Degré zéro de l'Ecriture,* Paris, Gonthier, 1965.
— *Essais critiques,* Paris, Seuil, 1964.
BOASE, A.-M. : Book Review of Peter Schon's book, in *French Studies,* Oxford, 1957, Vol. XI, p. 171.
BONNET, Pierre : « Bibliographie », (BSAM), Paris, 4ᵉ série, N° 8 (octobre-décembre 1966), pp. 22-24.
BUYSSSENS, Eric : *Vérité et langue, langue et Pensée,* Université Libre de Bruxelles, Institut de Sociologie Solvay, 1960.
CHOMSKY, Noam : *Cartesian Linguistics. A Chapter in the History of Rationalist Thought.* New York and London, Harper and Row, 1966.
— *La Linguistique Cartesienne. Un Chapitre de l'Histoire de la Pensée Rationaliste suivi de La Nature Formelle du langage,* traduit de l'anglais par Nelcya Delanoë et Dan Sperber, Paris, Seuil, 1969.
GENETTE, Gérard : *Figures II, Essais,* Paris, Seuil, 1969.
DERRIDA, Georges : *De la Grammatologie,* Paris, éd. de Minuit, 1967.
LEBÈGUE, Raymond : « Bulletin signalétique », Centre de documentation du C.N.R.S., Paris, 1956, Vol. X, N° 1.
MICHEL, Pierre : « Michel de Montaigne ou l'Accomplissement de la Renaissance Française », (BSAM), Paris, Nᵒˢ 22-23 (juillet-décembre 1970), pp. 17-34.
PARIS, Jean : *Rabelais au Futur,* Change, Paris, Seuil, 1970.
RIFFATERRE, Michael : « Vers la linguistique du style », *Word,* XVII, 1961, pp. 318-344.
— « The Stylistic Function », Proceedings of the Ninth International Congress of Linguists, 1962, The Hague, Mouton, 1964, pp. 316-323.
— *Essais de stylistique structurale,* trad. Daniel Delas, Paris, Flammarion, 1971.
SARTRE, Jean-Paul : *Situation, II,* Paris, Gallimard, 1958.
SAUSSURE, Ferdinand : *Cours de linguistique générale,* Paris, Payot, 1969.
TODOROV, Tzvetan : *Poétique de la prose,* Paris, Seuil, 1971.

LECTURES COMPLEMENTAIRES

Articles :

Table Analytique de la 3ᵉ série (*BSAM*), Paris, (octobre-décembre) 1957-1964 Cf. (Pierre Bonnet) p. 12.

La Croix du Maine : « Sur le titre des Essais », (*BSAM*), Nᵒˢ 11-12, p. 1.

HAMEL (Mme M.) : « Expérience-Essai. Contribution à l'étude du vocabulaire de Montaigne », (*BSAM*), Nᵒˢ 11-12, pp. 23-32.

FEYTAUD (J. DE) : « Petite note sur le sens du mot « Essai » (*BSAM*), Nᵒˢ 17-18, pp. 3-4.

BLINKENBERG (A.) : « Quel sens Montaigne a-t-il voulu donner au mot « Essai » dans le titre de son œuvre ? » (*BSAM*), Nᵒ 29 pp. 22-32.

TODOROV, Tzvetan : *Documents :* « Sémiologie du théâtre », *Poétique*, Paris, Seuil, 1971, pp. 515-516.

BOGATYREV, Petr. : « Les signes du théâtre », *Poétique*, Paris, Seuil, 1971, pp. 517-530.

INGARDEN, Roman : « Les fonctions du langage au théâtre », *Poétique*, Paris, Seuil, pp. 531-538.

Europe : Revue littéraire mensuelle. Paris, janvier-février 1972. Consacrée à Montaigne.

Ouvrages :

MICHA, Alexandre : *Le Singulier Montaigne,* Paris, Nizet, 1964.

POUILLOUX, Jean-Yves : *Lire les « Essais » de Montaigne,* Paris, Maspero, 1970.

En préparation : « A Critical Evaluation of Pierre Charron's book « On Wisdom » in its relationship to the Essays of Montaigne. »

TABLE DES MATIÈRES

———

AVANT-PROPOS   7

INTRODUCTION   12

   CHAPITRE I.   — De Charron à Montaigne   21

   CHAPITRE II.   — Le Monde des *Essais*   29

   CHAPITRE III. — Le dedans et le dehors   38

   CHAPITRE IV. — Montaigne, critique de son siècle :
                            guerres civiles et langage   45

   CHAPITRE V.   — Le masque et le jeu   56

   CHAPITRE VI. — Langage et pensée   70

   CHAPITRE VII. — Montaigne et l'écriture : signe et
                            signification dans les *Essais*   91

   CHAPITRE VIII. — Le monde et le théâtre : réalité et
                            forme 109

CONCLUSION 125

BIBLIOGRAPHIE 128